은둔을
경험한
청년들의
이야기

황교정 저

학지사

머리말

　이 글은 은둔을 경험한 혹은 경험하고 있는 청년들과 그들의 가족 그리고 그들과 함께 살아가고 있는 모든 사람이 함께 공유했으면 좋겠다는 바람을 가지고 쓴 이야기이다. 은둔을 경험한 청년들에게 이전에 그들이 은둔을 선택하리라고 상상이나 해 봤을지 질문을 던지게 된다. 경험하지 않아도 되었을지 모르는 은둔 경험을 통해 그들은 아주 어두운 굴로 들어갔었고, 혹은 지금 현재 진행형으로 그 굴에서 시간을 보내고 있다. 그들의 가족들은 어떠할까? 일상을 살아가야 해서 근근이 살아가고는 있지만 그들의 마음은 혹은 상태는 어떠할지 상상이 가능한가? 필자의 아들은 실제로 은둔을 경험했다. 필자는 그들의 마음을 누구보다 잘 알고 이해하고 있는 사람 중 한 명일 것이다. 그렇다 하더라도 각 개인의 경험을 다 잘 이해하고 있다고 말할 수는 없다. 왜냐면 그들이 겪었던 은둔의 경험은 다양하고 지극히 개인적이기 때문이다. 그들의 경험을 현상학적으로 이해하기 위해 은둔을 경험한 10명의 청년을 만나서 이야기를 들어 보았다. 청년들은 그들이 경험한 은둔에 대한 이야기를 더하거나 감하지도 않고 사실 그대로 생생하게 전해 주었다. 현상학이라는 표현을 쓴 이유는 다양한 그리고 개인적인 경험을 통해 현상을 파악하고 싶었기 때문이다. 현상을 파악함으로써 공통적으로 그들이 경험한 것이 무엇인지를 발견하기를 원함이었다. 이제 개인적이고 다양한 경험을 가지고 있는 그들의 경험을 그리고 그들의 이야기를 시작해 보려 한다. 기꺼이 그들의 이야기를 들려준 청년들에게 감사의 마음을 전한다.

은둔 중이었던 한 청년이 한겨울의 '따뜻한 햇살'이 너무 좋아서 나오고 싶었다고 말하는 것을 들은 적이 있다. 이 책이 은둔 중인 청년과 가족들에게 '따뜻한 햇살'이 되길 감히 바라 본다.

2024년 8월

황교정

프롤로그

사람은 누구나 사회적 관계를 추구하면서 살아간다. 혼자 살아가는 것이 아니라 다른 사람들과 관계를 맺으며 살고 있다. 다른 사람들과 서로 영향을 주고받으며 함께 성장하고 행동하며 살아가는 것이다. 상호작용하에 이러한 상황들을 지속하게 되고, 이러한 과정들이 안정되는 경우를 사회적인 관계라 한다. 보통의 사람들은 가족을 통해서 기본적인 욕구를 해결하면서 정서적으로 필요한 유대감과 안정감을 가지게 된다. 이렇게 가족이나 또래들, 공동체에서 살면서 사회적 관계를 만들게 되고, 다양한 방법으로 서로 영향을 주고받으며 살아간다.

특히 청년기에는 비슷한 연령대로 만나게 되는 또래를 통해 자신들만의 세대의 의미나 정서를 나누기도 하고, 그들만의 가치관과 인생관을 만들기도 한다. 청년기는 청소년기에서 벗어나 성인기로 들어가는 과도기이기에 다방면으로 발달해야 하는 의미가 있는 시기이기도 하여 청년기를 '방황과 갈등의 시기'라고 말하기도 한다. 이 혼돈의 시간은 자기를 탐색하면서 미래의 가치 있는 삶을 준비하기 위해 자신과 세상 사이에서 힘겨운 싸움을 하는 시기이다. 이처럼 어떠한 경우에는 고군분투하는 삶을 살아가야 하기에 의식적이든 무의식적이든 서로 영향을 주고받으면서 살아야 하지만 이러한 시기를 타인과의 관계나 소통을 거부하고 자신만의 공간으로 숨어 버리는 '은둔형 외톨이'가 우리 사회에 늘어 가고 있다. 어찌 보면 전 생애의 시간 중에서 가장 중요할 수도 있는 청년기에 은둔형 외톨이 는 사회적인 관계를 단절하고 자신만의 굴로 들어가서 사회에 나오 지 않고 있다. 그들은 그들의 생애에서 매우 중요한 시기인 청년기 를 고립의 시간(Erikson & Erikson, 2020)으로 보내고 있는 것이다.

은둔형 외톨이는 일본에서 먼저 사용하기 시작한 '히키코모리'라 는 단어를 한국에서 말하는 명칭이다. 1970년대부터 일본에서 시작 되었고, 1990년대 초 일본의 경기침체가 시작되며 그 수가 급증하여 심각한 사회문제가 되었다. 히키코모리는 '(어떤 장소나 방안에) 틀어 박히다.'라는 의미의 일본어 '히키코모루(引きこもる)'에서 나왔다. 히키코모리라는 용어를 처음 사용한 사이토 다마키(齋藤環, 2013)의 정의가 가장 많이 사용되고 있는데, 이는 가정에서만 생활하고 학교 나 직장에 관심이 없으며 6개월 이상 증상이 지속되고 정신지체는 없는 경우를 말한다. 조금 더 덧붙이자면 은둔형 외톨이는 병명이나 진단명이 아니고 등교 거부나 가정폭력과 같은 하나의 상태라는 인 식이 많다.

우리나라에서는 2000년대 초부터 은둔형 외톨이에 관심을 갖기 시작했다. 당시에도 정확한 통계를 잡지 못했고 이후로도 많이 발생 하고 있다고만 느끼고 있을 뿐이지 지금도 역시 정확한 통계는 잡아 내지 못하고 있다. 일반적으로 은둔형 외톨이는 사회생활을 시작했 거나 시작하려는 청소년이나 청년에게 많이 나타난다. 우리나라에 서도 처음 발견한 시기(2000년대 초)가 어느 정도 지났기에 은둔형 외톨이로 나이가 들어 중년이 되는 것도 드물긴 하지만 보게 된다.

그 이유는 은둔형 외톨이 성향이 있는 청소년이나 청년은 겉으로 드러나는 문제가 없는 경우가 많아서 자녀의 외톨이 성향에 대해 부모들은 성격적 특성이라고 여기기 때문에 시간이 지나면 해결되리라는 막연한 기대로 이를 가볍게 여기다가 시간이 지남에 따라 문제가 점점 심각해지며 장기화로 가게 되기 때문이다.

은둔형 외톨이에 대해 심각하게 고려할 부분 중의 하나는 그들이 은둔으로 인해 사회적인 안전망이 약해짐에 따라 자신을 책임져야 할 것이 무엇인지 잘 알 수 없게 되면서 자신을 통제할 능력이 없어진다는 것이다. 이들에게 사회적으로 요구되는 규범이나 도덕은 무의미해진다. 자아는 내던져 버리고 그러한 자신을 방치하는 것이 은둔이기에 그러하다. 그들은 사회에서 느끼게 되는 상실감과 경쟁적 관계에서 살아내지 못하리라는 무능함을 경험하면서 이를 타인에게 들키고 싶지 않아서 관계를 피하고, 심지어 가족 간의 관계마저 단절하면서 자기 자신만 오롯이 혼자 있을 수 있는 안전한 곳으로 도망친 것이다.

사회에서 이러한 상황을 단지 개인적인 일이라 여기고 단순하게 본다면 우리 사회에 많은 은둔형 외톨이가 나타나게 되리라는 것은 불을 보듯 당연한 일이다. 따라서 많은 가능성을 가지고 있는 청년들을 방치함으로 생길 수 있는 사회적인 손실이 클 수 있다는 것에 대해 깨어 있는 마음과 이에 대한 대비가 필요하리라 본다. 전문가들은 그들의 이러한 시기를 낭비의 시기가 아니라, 참고 기다리는 시기로 삼아야 한다고 말하고 있다. 그들이 은둔하는 시간이 결코 쓸데없는 시간이 아니고, 언젠가 사회로 나오게 될 것을 소망으로 삼고 기다리라고 말한다.

집에서 은둔하는 것은 서구사회보다 일본과 같은 가족 중심 사회에서 더 많이 발생한다. 가족 구조가 강한 일본의 자녀들은 사회적 철수의 한 현상으로 집에서 은둔의 시간을 보내는 경우가 많다. 서구사회에서는 가족 구조가 일본과 비교해서는 약하기 때문에 집에서 은둔하기보다는 노숙자로 이어질 가능성이 더 크다고 한다.

　이러한 가족 구조에 대해 사이토 다마키는 히키코모리가 보여 주는 상호작용 패턴을 가지고 설명하고 있다. 건강한 개인은 그 사람의 삶을 균형 있게 유지하기 위해 시스템과 상호작용한다. 그러나 히키코모리는 다양한 시스템으로부터 이미 떨어져 있기에 이러한 상호작용에서 불균형을 이루게 된다. 가족들이 이들의 이러한 상태를 인정하지 못하고, 문제를 다루려는 시도를 한다면 히키코모리들을 더 위험에 빠뜨린다고 사이토 다마키(齋藤環, 2012)는 말한다. 가족들은 걱정이 되어서 히키코모리를 비난하거나 꾸짖지만, 이에 대해 히키코모리는 이해받지 못한다고 느끼기에 가족들과의 관계를 더 외면하게 된다. 필자도 어디선가 기사를 본 기억이 있는데 가족이 함께 식사하다가 아버지가 히키코모리에게 왜 그러고 사느냐는 질문 한 마디를 했고, 그 후 그는 방으로 들어가서 나오지 않게 되었다는 기사였다. 이처럼 무심코 던진 한마디가 오히려 더 큰 단절을 가져올 수 있다. 사이토 다마키가 말하고 있는 일본의 가족 구조 패턴을 한국의 은둔형 외톨이와 비교해 보았을 때 서로 비슷한 점이 많다. 한국의 부모와 자녀의 관계를 보면 서로의 경계가 불분명하고 오히려 과도하게 밀착되어 있는 경우가 많아서 시스템이 잘 작동하지 못하는 것이 보인다. 시스템이 잘 돌아가기 위해서는 각자의 경계를 잘 세우고 개인적인 것과 함께하는 것을 잘 구분하는 일이 필요하다.

　사회가 주는 부정적인 영향이 있다. 지금의 우리 사회는 열심히 일하고 빠르고 강한 사람만 성공하는 사회이고 비주류라고 느끼거나 약자인 사람들이 살아가기 힘든 사회이다. 그래서 학업이 끊어지고 취업이 안 되는 청년이 설 곳이 없어진다. 그것 자체가 고립이다. 그러한 고립감이 은둔으로 가는 경우가 있다. 겉으로 보기에는 단순해 보이는 은둔의 문제가 실제로는 놀랄 만큼 복잡하다.

일본에서 은둔형 외톨이를 위한 기업이며 2021년까지 한국에서 은둔형 외톨이를 위한 일을 했던 K2 인터내셔널 코리아의 오쿠사 미노루는 어항을 우리가 살아가는 사회라 보고 은둔형 외톨이를 물고기라 은유해 보았을 때, 수질의 악화로 인해 어항에 물고기가 살 수 없는 상황이라면 어항의 물을 갈아 주어야 한다고 말한다. 여기서 말하고 있는 물을 바꾼다는 말은 사회가 은둔형 외톨이를 위해 해야 하는 전반적인 노력이 필요하다는 말이 된다.

그러면 은둔형 외톨이는 얼마나 많은 것인가? 추정하고 있는 은둔형 외톨이가 30~50만 명 정도일 것이라는 통계가 있었지만, 현재 한국 청소년 정책연구원의 실태조사에서는 19세에서 39세 청년 가운데 6개월 이상 집 밖으로 나오지 않았다고 응답한 응답자를 토대로 청년 은둔형 외톨이를 약 13만 명 정도로 추정하고 있다. 이러한 설문 조사의 경우 드러나지 않은 응답이 많을 수 있기에 실제로는 추정하고 있는 수치보다 많다고 예상할 수 있다.

일본은 히키코모리 인구를 200만 명으로 추산하고 있으며, 향후 중장년 히키코모리의 증가와 함께 1천만 명에 이를 수 있다고 내다보고 있다(한겨레, 2019. 8. 25.). 일본의 히키코모리 전문가인 사이토 다마키는 "히키코모리의 상태가 몇 년 이상씩 지속되면 당사자의 힘만으로는 사회로 복귀하는 것이 불가능하다."라고 하면서 사회적 지원의 필요성에 대해 말한다. 우리나라도 이제는 은둔 청년에 대한 대책을 마련하고 은둔형 외톨이를 위한 목소리가 필요한 때인 것을 느낀다.

　이처럼 은둔형 외톨이들을 사회로 나오게 하는 것이 필요함에도 불구하고 실제는 은둔형 외톨이에게 접근하기 어려운 것이 현실이다. 그래도 그들을 위한 지속적인 관심이 필요하고 나올 수 있는 환경을 만들어 주어 그들의 사회적응을 도와주어야 한다. 우리나라에서의 은둔형 외톨이에 관한 관심의 정도를 이웃나라 일본과 비교해 보았을 때 많은 부분에서 부족함을 느낀다. 우리나라에서 일반인들이 은둔형 외톨이를 이해하기 위해서 선행되어야 할 일은 통계를 내는 일이다. 최근에 있었던 여러 사건을 저지른 청년들의 범죄에 대해 판단할 때 그들이 혼자 오래 지냈다는 이유로 은둔형 외톨이였다고 단정 짓고 '그들이 오래 혼자 지내면서 마음에 병이 들었으며 그 결과로 범죄를 저지른 것이다.'라는 논리로 가는 것에 대해 불만족스러운 마음이 들고 염려도 된다. 그들이 단지 오랫동안 혼자 지냈다는 이유만으로 은둔형 외톨이 전체를 잠재적인 범죄자로 몰아가는 것은 문제가 있기 때문이다. 물론 전혀 영향이 없다고 말할 수는 없지만 이와 같은 논리로 몰아가는 것에는 염려되는 부분이 있다는 것이다.

　그들이 은둔의 시간을 보낸 것이 그들의 문제 때문만은 아니었음을 인식하도록 사회에서의 노력이 있어야 한다. 계속 모른 척하면서 회피하기만 한다면 인력의 손실뿐만 아니라 사회적인 문제로 확대될 수 있기 때문에 이웃나라의 문제라는 인식에서 벗어나 우리나라도 이들을 위해 발 벗고 나설 때라고 보는 것이다.

차례

제3부 은둔으로부터의 탈출 • 131

은둔을
경험한
청년들의
이야기

제1부

은둔형
외톨이는
누구인가

1. 은둔형 외톨이는 누구인가

다음은 우리가 어린 시절 쉽게 만날 수 있었던 동화책에서 읽었던 내용이다. 여러 명의 장님에게 코끼리를 만지도록 했다. 그런 후에 코끼리가 어떤 모습일 것 같냐는 질문을 던졌다. 각자가 경험한 것을 나누게 되었는데 그들이 코끼리에 대해 묘사하는 내용이 경험한 부분에 따라 너무 달랐다. 이 이야기를 꺼내는 이유는 은둔형 외톨이의 다양성에 대해 말하고 싶어서이다. 이처럼 우리가 생각하고 있는 은둔형 외톨이의 모습은 그들의 각자의 상황과 경험을 이해할 수 없다면 장님이 만진 코끼리와 같은 경험의 묘사를 우리가 할 수도 있다. 이 말은 그들이 자라 온 환경, 주어진 상황, 갖고 있는 기질에 따라 너무 다양한 모습을 보여 주기 때문에 섣불리 안다고 말할 수 없다는 것이다. 실제 만났던 은둔 경험을 겪었던 청년들의 모습도 정말 다양한 모습이었다. 이제 우리가 갖고 있는 선입견을 내려놓을 때이다.

한국에서의 은둔형 외톨이는 2002년 8월 28일 여인중 연구팀에 의해 일본 요코하마에서 개최된 제12차 세계정신 의학대회에서 공식적으로 발표되었다. 이러한 결과가 나온 배경으로는 대인공포증에 대해 연구한 삼성 사회정신 건강 연구소와 여인중 박사 연구팀이 2000년 1월~2002년 5월 정신과에서 치료받은 외래환자 2,409명의 우울증과 불안장애를 측정한 결과, 85명(남 54명, 여 31명)이 외톨이로 진단되었으며, 이들 중 36%인 31명이 은둔형 외톨이로 분류되었고, 나머지 54명은 활동형 외톨이로 분류(이지민, 2019)된 것을 들 수 있다.

이러한 결과를 나타냈음에도 막상 은둔형 외톨이가 무엇이냐는 질문에, 그 개념을 한마디로 정의하기는 쉽지 않다. 일본에서 히키코모리에 관심을 가지고 다양한 연구를 하는 사이토 다마키의 정의에 따르면 '친구가 한 명 밖에 없거나 혹은 한 명도 없고, 사회에 어떤 참여도 하지 않는 사람'이다. 우리나라에서는 아직 공식적인 정의를 내린 것이 없다. 은둔형 외톨이가 잘 발생하는 계층으로 여자보다 남자가 더 많고, 장남이 차지하는 비율이 높다고 말하기도 하는데 시간이 지남에 따라 이러한 통계는 지금도 변하고 있다고 본다.

정신적인 질환이 원인이라는 의심이 있기에 정신과적인 진단을 내리는 경우도 있었다. 그 결과 임상적 진단으로는 가벼운 우울증과 대인공포증 등 적응장애가 가장 많았다. 그 외에도 회피성 인격장애, 불안장애 등 다양하다. 그러나 은둔형 외톨이는 원인이 생물학적이든 사회문화적이든 간에 하나의 독특한 현상으로 다른 정신 질환과 구별된다고 보는 편이 낫다. 그럼에도 여인중(2005)은 개인이 가지고 있는 기질에 해당하는 생물학적인 요인으로부터의 영향을 강조하면서 은둔형 외톨이를 정신 질환과 사회적인 현상의 모호한 경계에 위치시키고 있다.

정신 질환이냐 아니면 사회적 현상이냐를 고민하기 전에 은둔형 외톨이들이 은둔하게 되는 계기로 성적 저하, 진학이나 취업 실패, 친구에게 실망, 실연, 따돌림 등과 같은 일종의 좌절 경험을 들고 있다. 이처럼 은둔으로 가게 된 계기에 대해 말하고 있음에도 은둔으로 가게 된 계기가 있었는지 잘 모르겠다는 사람 역시 많은 부분을 차지하고 있다. 사이토 다마키(齋藤環, 2013)는 정신과적인 치료가 이루어져야 하는 경우가 있음을 말하고 있으며 일본은 일반적으로 가족을 상담하는 사례가 많지 않으나 은둔형 외톨이의 경우는 가족 상담을 진행하는 것이 그들의 상황을 호전시키는 데 도움이 된다고 한다. 그는 가장 먼저는 그들이 말하고 싶은 것을 들어 주는 것이라 조언하고 있다.

이와 같이 사이토 다마키와 같은 맥락에서 가족적인 접근을 강조하는 하딩(Harding, 2018)은 부모를 위한 교육이 조기 개입에 필수적이라 한다. 그런 후에 관계의 어려움을 해결하기 위해서는 개인적 접근과 그룹으로의 접근을 병행하는 것이 효과적이라 한다. 은둔하고 있는 청년들을 이해하려는 노력이 필요하고 그들에게 게으르다는 표현을 하거나 다른 프레임을 씌우는 것은 옳지 않다. 그렇게 살아가야 하는 상황이 많은 고통을 수반한다는 것을 이해하기 위해 그들의 감정을 이해하는 노력이 우리 모두의 숙제이기도 하다.

2. 그들은 왜 은둔형 외톨이가 되었나

은둔형 외톨이의 원인으로는 경쟁해야 하는 사회에 대한 두려움, 학교나 직장에서 느끼는 소외감, 따돌림이나 괴롭힘의 경험, 가족과의 관계에서 받았던 상처, 부모에 대한 지나친 의존으로 인해 자립심을 키우지 못한 경우, 자신감의 부족 등이 꼽히고 있다. 또한 인터넷의 발달이 은둔형 외톨이가 사회적으로 고립되어 있음에도 자존감을 느끼도록 해 주는 통로가 되어 주어서 사회적 격리를 유지시킨다고도 한다. 은둔형 외톨이의 발생 원인으로는 가족 관련 요인과 사회문화적 요인이 있다.

1) 가족 관련 요인

가족과 관련된 요인으로는 권위적인 가족관계, 핵가족화, 학업성적의 압박, 수직적인 소통방식 등이 있다. 여기서 핵가족화는 친밀한 사회적인 관계를 학습할 수 있는 기회가 적어지는 경우가 생기면서 관계의 문제를 발생시킨다. 게다가 핵가족화로 맞벌이 부부의 자녀가 혼자 집을 지키게 되는 경우, 자기가 중심이 되는 사고나 개인주의적인 생활방식이 은둔하여 혼자서 지내게 되는 계기가 되기도 한다. 가족이 점차로 핵가족화되면서 자녀의 숫자도 함께 감소하고 있다. 이는 부모와 자녀의 관계가 자유롭고 민주적인 방식으로 변화하는 등과 같은 긍정적인 면도 있어서 항상 양육자가 같은 방식으로 양육하게 된다면 문제가 없다. 그러나 그렇지 못한 경우에는 역기능적인 양육태도라는 문제가 생기게 된다. 이를 통해 나타나는 부정적인 면은 지나친 과잉보호나 과잉 통제하는 양육방식이 될 수 있다. 이러한 양육방식은 과잉 보호적인 태도와 지나치게 통제적이고 권위적인 방법으로 은둔형 외톨이가 발생하고 유지하도록 하는 것에 영향을 주기도 한다. 이러한 양육태도는 자녀들이 사회적인 기술을 습득하고 문제해결 능력을 발달시키는 데 큰 장애가 될 수 있기에,

부모의 이러한 양육방식이 자녀에게 부정적인 영향을 줄 수 있음을 깨달아야 한다.

자녀가 부모의 건전한 양육의 부재로 언어적 혹은 비언어적 압박을 받으면 이는 은둔형 외톨이가 되는 요인이 될 수 있다. 이때 나타나는 현상으로는 부모의 부정적인 감정이 자녀에게 투사되어 자녀에게 정서적으로나 물리적으로 폭력을 하는 양육이 많아지게 되는 것을 들 수 있다. 이러한 결과로 자녀들의 정신적인 건강을 해치는 경우가 발생하게 될 것이고 이러한 스트레스가 누적되면서 자라게 된 경우에 은둔형 외톨이가 되는 경우가 있음을 발견할 수 있다.

2) 사회문화적 요인

사회에서의 원인은 매우 다양한 형태로 존재하고 있다. 핵가족화로 인한 이웃과의 단절, 디지털 정보 통신 기술의 발달로 인한 개인주의, 경쟁과 속도에 가치를 부여하는 사회변화에 따른 긴장감과 스트레스가 있다. 고학력을 최우선으로 인정하는 것에서 오는 압박감, 졸업 후에 취업하지 못함으로 인한 부담감, 경쟁 과다로 인한 취업난 등 여러 요인이 복합적으로 작용한다.

지금의 우리 사회는 빨리 일하고 잘하고 강한 사람만 성공하는 사회이기에 비주류, 약자가 살아가기 힘든 사회이다. 이러한 사회에서는 중·고등학교에 다니면서는 좋은 대학에 진학해야 한다는 강박관념을 갖게 된다. 대학에서는 취업을 위해 온갖 스펙을 쌓아야 하는 극한 경쟁 속에서 살아야 하기에 따라가지 못하는 사람은 정신적으로 더 이상 버틸 힘이 없어지게 된다. 이와 같은 미래에 대한 불안과 남보다 앞서가려는 강박관념, 경쟁 사회에 대한 공포가 미래를 향하여 희망을 가지고 살아가야 하는 젊은이들에게 세상으로 나가는 통로를 차단하고 있다.

디지털 정보 기술의 발달이 우리나라가 여타의 나라보다 앞서 나갈 수 있는 중요한 인프라를 제공한 것은 맞지만 그와 더불어 사회 구성원들이 인터넷 중독에 빠지기 쉬운 환경을 제공했다. 이러한 인터넷의 발달이 은둔형 외톨이들이 자신만의 공간으로 숨게 되는 원인을 제공한다. 이처럼 여러 가지의 원인이 복합적으로 영향을 주고받으며 은둔형 외톨이가 발생하게 되었고, 이것이 사회 현상의 한 부분이 된 것이 오늘날의 현실이다.

3. 청년의 삶

청년기는 부모에게서 독립하고 꿈을 가지며 성인으로서 살아갈 인생 설계를 준비하는 시기이다. 청년기는 사랑, 일, 세계관에 있어서 가장 많은 기회가 주어지는 인생의 중요한 시기이다. 그리고 청소년기에서 성인기로의 전환은 광범위한 사회적 역할 변화를 포함하고 있다. 일반적으로 청년 세대가 행하는 정상적인 사회적 역할은 부모로부터 경제적·정서적·물리적으로 독립하고, 결혼을 준비하면서 스스로 자기 자신을 책임지는 삶을 살아가야 하는 것이다. 청년기에는 지금까지 만들어진 생활에서 부족한 부분을 수정할 수 있는 기회도 주어지고, 앞으로 살아가면서 만들어 갈 큰 그림의 토대를 마련하는 기회가 생기기도 한다. 그러므로 이 시기는 청소년기와는 조금 다르긴 하지만 여전히 정체성을 탐색하는 불안정의 때이며, 자신이 누구인지, 원하는 것이 무엇인지를 알게 되는 시간이다.

이에 대해 아넷트(Jeffrey Jensen Arnett)는 청년기를 다섯 가지 특징으로 설명하고 있는데, 그것은 정체성 탐구의 시기, 불안정의 시기, 자기중심의 시기, 중간 느낌의 시기, 가능성의 시기이다(Arnett, 2007). 이처럼 청년기는 완성해야 할 것이 많아서 인생의 과정에서 어찌 보면 가장 이질적인 시기이고 위와 같은 다섯 가지 특징이 많이 나타나는 시기이다.

이와 같은 다섯 가지의 특징은 모두 연결되어 있고 함께 나타나는 특징이기는 하지만 그중에서 먼저 가능성의 시기라는 것에 중심을 두고 보려고 한다. 가능성의 시기라는 것은 무엇인가를 탐색해야 하는 시기이기도 하므로 불안정의 시간을 의미하기도 한다. 계속되는 선택의 기회와 앞으로도 무엇인가를 선택해야 하는 가능성이 열려 있다는 것은 안주하지 못하고 안정적이지 못하다는 것을 의미하기 때문이다. 그러므로 청소년기와 성인기 사이의 전환기에 있는 청년은 자신의 삶에 대한 다양한 가능성을 충분히 탐색하면서 자신만의 정체성을 찾아가야 한다. 그러기에 개인의 정체성을 확고히 하는 것은 청소년기에서 성인기로 가는 동안에 형성해야 할 발달과제이기도 하다.

에릭슨(Erikson, 1963)은 정체성을 가진다는 것은 청년이 자신의 능력, 신념, 관심에 아동기와 청소년기에 이미 가지고 있는 것을 더해서 균형을 이루려고 할 때 직면하게 되는 중요한 도전이라고 했다. 다시 말하면, 청년기는 발달적 측면에서 삶의 많은 변화를 경험하게 되는 시기로 청소년기를 살아온 과거의 경험과 미래를 향한 목표가 개인의 생각과 행동에 주요한 영향을 주게 된다. 자신의 과거와 미래를 의미 있게 연결하게 되면 자신이 겪는 역경에 대한 의미를 새롭게 정의내릴 수 있고 이러한 태도는 개인의 현재와 미래의 삶에 긍정적인 영향을 미칠 수 있다. 그래서 자아 정체감이란 언제든지 자신이 일정하고 예상가능한 주체로서 존재하고, 내적 갈등과 외적 갈등에 대해 자신만의 방식으로 통합하여 조절할 수 있다는 것을 의미한다.

청년들은 이러한 정체성을 추구하면서 이 정체성을 일, 성(姓)과 우정을 통해서 서로 공유하고 사랑에 빠지거나 친밀한 관계를 맺는다. 에릭슨(Erik Homburger Erikson)은 청년기의 성격적인 특성을 친밀감 대 고립감의 위기라고 표현한다. 성적인 면에서나 사회적인 관계에서 다른 사람들과 친밀감을 느끼고 사랑하게 되는 인간관계를 형성하는 시기라는 것이다. 그래서 청년기는 가족들과는 물론이고 다른 사람들과도 친밀감을 형성하고 그와 더불어 독립의 기반을 다지는 시기가 되어야 한다. 타인과 장기적으로 친밀한 관계를 형성한다는 것은 확립된 정체성을 바탕으로 타인의 정체성을 부분적으로 수용하여서 타인과 공유하는 정체성을 확립하는 것이다.

청년기는 개인에게 매우 중요한 시기이지만 현재를 살아가고 있는 청년들은 불안정한 고용 상황 등의 여러 사회적 상황에 영향을 받을 수밖에 없는 환경을 만나게 된다. 경제 및 고용의 불확실성은 청년들이 살아가는 방식이나 교육에 대한 투자 및 결혼 등을 결정해야 하는 것을 어렵게 만들었다. 이와 같은 상황들은 많은 가능성을 염두에 두고 결정을 내리면서 독립적인 성인으로서 성장해야 하는 데에 어려움을 갖게 만든다.

최근에 의욕과 흥미를 상실한 태도의 청년들이 점차 증가하고 있어 우려의 목소리가 높다. 그들은 늘어만 가는 사회적 요구에 적응하지 못하는 데에서 오는 좌절과 실패의 경험으로 자포자기하게 된다. 이때 느끼게 되는 무력감으로 이들의 심리적 고통은 가중되고 있다. 청년들은 자신의 의지와 노력과는 상관없이 역경과 시련을 맞이하여 심리적인 고통을 느끼게 되고 이로 인해서 심리적 부적응 및 일상생활의 부적응을 초래하고 있다.

일상생활에 대한 부적응의 결과로 청년층의 사회적인 고립감이 심해지고 정규교육이나 경제활동, 사회적 활동에 참여하지 않고 사회와는 단절된 삶을 살아가려는 청년층이 늘어 가고 있다. 이처럼 청년기의 부정적인 측면으로 다른 사람들과 교류하지 않으며 마음을 닫고 자신을 드러내지 않으며, 타인의 압박이나 간섭으로부터 자신을 지키려는 경향이 나타나서 정신적인 문제가 발생할 수 있는 가능성을 갖고 있다. 또한 사회에서 주는 경쟁적인 구도에 계속 노출되면서 자신과 타인을 끊임없이 비교하여 갖게 되는 열등감으로 인해 결국은 정신적인 면에서 힘듦을 호소하는 경향이 많아지게 된다.

이와 함께 빨리 독립이 이루어져야 한다는 분리의 과정을 직면하게 되면서 도태될지도 모른다는 불안감과 우울감을 느끼고, 독립을 이루지 못했을 때는 필요한 재정의 지원을 위해 가족에게 계속 의존해야 한다는 것은 취약한 배경을 가진 청년들의 정신적인 어려움을 악화시킨다. 이처럼 청년들의 적응을 어렵게 만드는 사회 현상은 친밀감으로 사람들과 소통하며 자신의 무한한 가능성을 바라보며 세상에 도전해야 하는 청년기를 정체감을 확립하지 못하고 관계의 어려움으로 혼란스러운 시간을 보내다가 결국은 고립을 선택하게 만든다. 청년기는 희망과 가능성만으로 가득하더라도 청소년기에서 성인기로의 중간 상태로서 혼란을 줄 수 있음을 염두에 둔다면 은둔을 결정하기까지의 고민이 얼마나 어려운 것일지 짐작이 가능하다.

이처럼 청년기는 불안정성과 가능성이라는 양면을 가지고 있으므로, 청년이 그 양면을 끊임없이 오가며 자신의 길의 가능성을 발건하게 도와주어야 한다. 그러한 그들을 돕기 위해 청년에 대한 사회적인 배려와 국가적으로 이들을 위해 할 수 있는 것이 무엇인지에 대한 고민을 함께해야 한다.

4. 애착관계 들여다보기

애착이라는 것은 대상에 대한 애착을 의미하기 때문에 대상관계 이론에 관한 언급이 먼저 필요하다. 대상관계란 생애 초기에 경험되는 주요한 타인들과의 관계 경험이 정신적인 표상과 관계의 틀로서 내면화된 것을 말한다. 대상에는 내적 대상과 외적 대상이 있는데 외적 대상은 사회환경에 있으면서도 직접 관찰이 가능한 실재적으로 존재하는 사람, 사물, 장소 등을 말하고 내적 대상은 어떠한 정신적 표상, 이는 어떤 이미지나 개념, 감정, 환상 또는 다른 사람과의 기억을 말한다. 여기서 표상이란 자기 자신과 대상에 대하여 가지게 되는 정신적인 상을 말하는 것인데 객관적인 상황을 있는 그대로 인식하기보다는 주요한 타인과의 관계에 대해서 개인이 주관적으로 지각하고 경험한 것을 반영하게 된다.

대상관계에 대한 이론적 정립을 한 것이 대상관계 이론이라 할 수 있는데, 김선희(2009)는 대상관계 이론에 대해 우리의 정신 구조가 경험하게 되는 이중성, 즉 양가감정들에 대한 딜레마를 이해하고 통합하려는 자아의 성장 과정을 이해하려고 하는 정신분석적 노력이라고 말한다. 정신을 분석할 때는 어떤 사건이 있었나보다는 내담자가 외적인 대상을 어떻게 경험하고 있고, 어떻게 이해하고 있는가가 중요하기 때문에 심리적 표상으로 만들어진 내적인 세계에 더 많은 관심을 가져야 한다. 왜냐하면 어린 시절 대상에 대한 이미지를 언어 적으로 표현하지 못하고 상징 이전의 수준에서 내면화하는 것처럼, 정신 치료과정의 초기 단계에서 이를 반복할 수 있기 때문이다.

대상관계 이론가들은 생애 초기의 심리구조(자기와 대상에 대한 내적인 이미지)에 대한 형성 및 분화를 연구하고 있으며, 이러한 내적 구조가 어떻게 사람들 사이의 인간관계적 상황에서 발현되는지를 연구한다(Clair, 2014). 이들은 언어 이전과 이성 이전의 과정을 어떻게 하면 이성의 중재를 받는 말로 옮길 수 있을까를 고심했다. 그리고 대상관계를 연구하는 이론가들은 유아의 세계에서 주요 대상이 어떤 사람이었는지, 유아가 그들을 어떻게 경험했는지, 주요 대상과 그 대상에 대한 경험이 어떻게 내재화되어 있는지, 대상에 대한 내적 표상이 어떻게 성인이 되었을 때 무의식의 삶에서 활동하는지에 대해 강조하고 있다.

포나기와 타제(Fonagy & Taget, 2015)는 대상관계 이론에 몇 가지 가정을 공유하고 있다. 첫째, 개인의 심각한 병리가 나타나는 근원은 전 오이디푸스 단계에 있다는 것이다. 둘째, 대상관계가 발달하면서 대상과의 관계 패턴은 많이 복잡해진다. 셋째, 이러한 발달의 단계들은 문화에 존재하는 성숙의 순서로 나타나게 되지만 병리적인 개인 경험에 따라 왜곡될 수도 있다. 넷째, 초기의 대상관계들은 반복되며, 어떤 의미에서는 평생 동안 고착되기도 한다. 다섯째, 이런 관계의 장애는 발달적인 측면에서 병리들과 연결되기도 한다. 마지막으로 여섯째는 치료사에게 보여 주는 내담자의 반응들은 초기 관계 패턴이 건강한지 혹은 병리적인지를 탐색할 수 있는 창구를 제공한다는 것이다.

인간은 태어나는 순간부터 서로 관계하면서 살아가게 된다. 특

히 우리나라는 핵가족화되고 있기는 하나 아직도 전통사회의 잔재
를 벗어나지 못하고 있어서 관계 중심적인 면이 강조되고 있기에 다
른 선진국에 비해 관계를 더 강조하는 사회이다. 그리고 핵가족화되
었다고 해도 우리나라의 정서상 가족과의 관계의 문제는 간과할 수
없는 일이다. 더욱이 은둔형 외톨이를 보면서 그들의 문제가 관계의
문제와는 떨어뜨려서 볼 수 없는 일임을 깨닫게 되었다. 이러한 것
이 대상관계에 관심을 두게 된 이유이기도 하다. 특별히 은둔형 외
톨이의 발생 요인으로 가정에서의 요인이 있기에 대상관계에 대해
더 알아볼 필요를 느꼈다.

　다시 애착으로 돌아와서 '애착'은 아이와 주 양육자(일반적으로 어
머니) 사이에 형성되는 강한 정서적 연결 또는 유대를 의미한다. 태
어나서 초기에 형성되는 애착은 전 생애를 통하여 인간의 성장 발달
에 지속적으로 영향을 미치고, 유아가 살기 위해 애착 대상과 물리
적으로나 정서적으로 친근함을 느끼려고 하는 경향성이다. 어린 시
절 애착 대상으로부터 받았던 돌봄의 질이 미래의 정신적인 건강에
매우 중요한 역할을 한다. 유아가 생후 6개월 정도가 되면 특정 대상
에 애착을 갖게 되며 애착 대상에 대해 안전함을 느끼지 못하게 되
면 막연한 불안감을 느끼게 되기 때문에 태어난 이후 몇 년의 시간
이 중요하다. 그래서 이 시기를 잘못 보내게 되면 정신적인 문제가
생길 수 있다.

　볼비(Bowlby, 1982)는 애착을 나면서부터 인간이 갖고 태어나는
행동 체계로 보고 애착 이론을 만들었다. 유아의 안정감은 유아기
동안에 애착 대상의 보살핌의 질에 따라 형성된다. 유아가 처음 만
나게 되는 대상은 부모이며 부모의 충분한 관심과 보살핌에 따라 유
아의 안정감이 만들어진다. 이처럼 볼비(Bowlby, 2009)는 안정적인

애착과 불안정적인 애착의 원인을 유전적 특성보다는 관계에 초점을 맞추었고 이것을 서로 다른 상호작용의 결과라고 말한다. 애착 형성 결과는 안정성 혹은 불안정성을 출현시키면서 함께 만들어지고, 서로 조율을 통해 조절되는 상호주관적인 상호작용을 통해 유아들은 관계를 맺는 법과 그들의 감정을 조절하는 법을 배운다. 유아기부터의 친밀한 대상과의 관계 경험으로 얻게 된 애착은 나중에 성인이 되어서도 다른 사람의 감정을 경험하고 자신의 감정을 조절하는 방식을 이해하는 데 필요하다.

볼비(Bowlby, 1988)에 따르면, 유아는 주 양육자가 돌봄을 주는 대상인지, 또한 자신이 보살핌과 관심을 받을 만한 존재인지에 따라서 자신과 타인에 대하여 내적인 작동 모델이 발달한다. 애착 이론에서 핵심이 되는 가정은 애착 대상으로부터의 경험이 정신적 표상 또는 내적 작동 모델이 된다는 것이다. 이러한 애착 이론을 설명하기 위해서는 핵심 개념을 이해하는 것은 필요한 일이다. 이는 유아의 새로운 경험을 이해하기 위해서 그들의 기억과 경험 그리고 중요한 타인과의 상호작용에 대한 이해가 우선되어야 하기 때문이다.

필자는 은둔형 외톨이의 관계에 대한 경험을 이해하기 위해서 애착에 대해 관심을 기울였다. 은둔으로 간 그들을 현상으로 보자면 견딜 수 없는 현실과 주어진 상황에서의 관계를 회피하기 위해 그들만의 굴로 들어갔다고 할 수 있다. 그러한 현상을 보면서 왜 그들이 관계를 회피하는지에 대한 의문이 생겼다. 그들의 애착의 상태는 어떠할지에 대해 궁금함이 생기게 된 것이다. 은둔형 외톨이의 관계 경험을 이해하기 위한 하나의 렌즈가 애착이론이면 좋겠다는 것에 생각이 미치게 되었다. 이 이론의 핵심 개념인 내적 작동 모델(internal working models), 모성박탈(maternal deprivation), 안전기지

(secure base)에 대해 궁금함이 생긴다.

1) 애착 이론의 핵심 개념

내적 작동 모델(internal working models)은 애착과 관련하여 사회적인 정보처리를 하는 것으로 여겨지는 정신적 구조이다. 어린 시절 부모와의 관계를 통해서 어떠한 유형의 애착 관계가 형성되는가에 따라서 다른 내적 표상이 형성된다. 이것은 이후의 관계를 형성하는 데 기초가 된다. 유아가 상호 작용한 경험을 토대로 반복되었던 관계의 유형을 기초삼아서 자기와 타인에 대한 모델을 쌓아 놓게 된다. 이러한 모델들은 사람에 대한 기본적인 가정과 관계에서의 상호작용의 일반화된 표상들, 자기와 타인에 대한 도식과 같은 것이다. 이를 통해 스스로 예상하게 되고 자신을 세계와 연결시키는 어느 정도 일정하고 표상적인 내적 작동 모델을 형성하게 된다.

이렇게 형성된 내적 작동 모델은 개인에게 안전감을 제공하고 다른 애착 패턴을 이해하는 데 중요한 역할을 하며 대응하고 방어하는 전술을 개발할 수 있게 해 준다. 개인이 어떻게 정서 상태를 조절하고 정서적인 정보를 처리하는지에 초점을 맞춘다. 유아의 내적 표상이 발달하는 과정에서 이미 애착유형이 형성되었다고 하더라도 다른 대인관계의 경험에 따라 변할 수도 있다고 말하기도 하는데 이것에 대해서는 어느 정도 찬반의 논란이 있다.

이러한 내적 작동 모델에 대해 댈로스(Dallos, 2021)는 타인과 자신에 대한 신념과 기대를 포함하고 있다고 말하고 있다. 자신과 다른 사람들의 행동, 자신이 얼마나 사랑스럽고 가치가 있으며 수용될 수 있는가와 같은 자기애의 관점, 다른 사람들은 자신이 필요할 때

도움을 줄 수 있는지, 나에게 얼마나 관심을 가지는지, 다른 사람들
이 나를 아끼고 돌봐 주는가라고 하는 신념과 기대를 포함하고 있다
고 말한다. 또한 어떠한 동작이나 몸짓, 정서적으로 내재 되어 있는
감정적인 의사소통을 위한 신호와 일관성과 같은 것까지도 말이다.

모성박탈(maternal deprivation)은 유아가 어머니와 애착을 형성하
지 못하거나 안전하게 애착 된 어머니를 잃은 상태를 말하는 것이
다. 모성이 박탈되는 경험은 유아가 어느 때에 어떻게 분리되었는지
가 중요하다. 유아의 기질이나 부모의 기질, 주 양육자와의 관계 등
은 유아의 성격발달이나 정서발달에 영향을 주게 된다. 모성의 부재
로 인해 유아에게 주어져야 할 인격적인 돌봄과 욕구에 대한 반응들
에 대해 충분히 반응하지 못했던 경험은 성격이 발달하는 초기에 불
안과 두려움으로 건강한 자아를 형성하는 데에 부정적인 영향을 주
게 되기 때문이다.

한편에서는 이것은 가설에 불과하며 어머니가 유아를 키우지 않
더라도 유아가 가지고 있는 기질에 따라, 주양육자의 태도에 따라
결과는 달라질 수 있다고 하는 의견도 있었다.

다른 핵심 개념으로 안전기지(secure base)가 있다. 유아에게 부모
나 가까운 타인으로부터의 안전기지 제공은 반드시 필요한 일이라
할 수 있는데, 안전기지는 유아가 외부 세계로 나가는 데 기반이 되
는 것과 동시에 탐험을 마치고 원래의 자리로 돌아왔을 때 신체적이
나 정신적으로 다시 충전을 해 주는 것을 의미한다. 어머니는 안전
기지로서 유아가 안전하게 탐험할 수 있도록 접근이 가능한 위치에
존재하여야 하고 유아는 정서적으로 어머니가 자신을 수용하고 있
다고 느낄 수 있어야 한다. 유아가 자신의 상태가 안전하다고 느끼
게 되면 주변 세계에 관심을 가지면서 탐험을 시작하기 때문이다.

심리치료에서도 이러한 안전기지를 통해서 심리치료를 하고자 하는 시도가 있다. 이것은 애착 기반 접근법으로 상실되었던 안전기지 기능을 다시 찾거나 일시적으로 대신함으로써 애착을 안정시키고 기본적인 안정감과 타인에 대한 신뢰가 회복되도록 하여 스트레스나 부정적인 인지를 개선한다. 스트레스에 대응하는 내성을 증진시키며 대인관계나 사회적응을 잘하도록 돕는 방법이다.

실제로 심리치료가 이루어질 때는 치료자가 어머니를 대신하여 안전기지 역할을 할 수 있다. 애착 이론에서는 치료자가 내담자의 애착 대상이 될 수 있다고 제안하고 있을 뿐 아니라 내담자의 경험을 탐색하는 데 신뢰할 수 있는 동반자가 되는 것이 중요하다고 본다. 심리치료에서 내담자의 안정된 애착을 위해서는 치료자 자신이 내담자들을 위해 내담자들이 새로운 경험을 시도하고 가능성을 탐색할 수 있는 안전한 기반을 제공하는 것이 중요하다.

이러한 내담자와의 관계를 중심으로 안전한 기반을 제공하면서 정신화를 통해서 내적 작동 모델이 변화되는 결과를 가지고 온다면 내담자의 내담 요인을 해결해 주는 결과를 가져올 것이다.

2) 앤워스의 낯선 상황 실험 연구

엔워스, 블레허, 월터스와 월(Ainsworth, Blehar, Walters, & Wall, 1978)은 볼비(John Bowlby)의 애착 이론 연구를 확장하여, '낯선 상황 실험'에서 유아와 어머니 두 사람의 행동에서 나타나는 관계를 관찰하였고, 이를 통해서 애착을 안정, 회피, 저항/양가의 세 가지 유형으로 분류했다. 이 세 가지 유형은 어머니의 접근성과 반응성에 대한 유아의 기대를 반영한다는 점에서 유아들이 내적 작동 모델을 형성한다는 볼비의 생각과 일치하는 부분이다.

안정형의 유아가 보이는 특징은 어머니와 안정한 애착이 형성된 유아가 어머니와 분리했다가 재회했을 때, 분리로 인해 어떤 고통을 받았을지라도 즉시 안심하고 놀이를 다시 시작한다. 이는 양육자가 유아의 필요에 대해 민감하게 반응하는 양육 행동을 지속적으로 해왔고, 이에 대해 유아의 욕구가 만족하게 되면 유아는 안정된 애착을 발달시킬 수 있다. 양육자와의 안정적 애착을 바탕으로 유아는 자신을 사랑받을 가치가 있는 존재로 인식하고 타인 또한 믿을만 하다는 내적 작동 모델을 형성함으로 가장 자신감 있고 유능한 반응을 보이게 된다. 성인이 되어서도 자신과 사회적 상호작용에 대해 긍정적인 기대감을 느끼게 되기에 안정한 애착을 형성하기가 쉽다. 자신을 가치 있는 사람으로 여기게 되므로 다른 사람을 신뢰할 뿐만 아니라, 위기에서도 회복 탄력성이 좋아서 회복이 빠르기도 하고 일상에서 자신을 관리하는 능력이 뛰어나게 된다.

회피형 애착의 경우 유아는 위험한 상황에 노출되었음에도 무신경하게 반응하는 것을 볼 수 있다. 이는 정서 체계를 차단하기 위한 시도를 하는 것이므로 정상적이라 볼 수 없기에 비활성적이라 표현한다. 어머니가 유아를 떠나든 돌아오든 간에 유아는 너무 태연하게 자신의 탐험을 계속하는데 이러한 상황을 보면서 이들이 고통을 받지 않는다고 오해하면 안 된다. 이들은 이러한 안정적이지 않은 애착으로 인해 자신의 가치와 타인에 대한 신뢰에 회의적인 모델을 형성하게 된다. 성인이 되어서는 다른 사람이 자신이 필요할 때 도움이 되지 않을 것이라는 불신을 바탕으로 친밀감, 자립 등에 불편함을 호소한다. 또한 감정 상태를 차단하거나 억제하는 시도를 한다. 이때의 감정은 두려움, 불안, 분노, 수치심, 죄책감 등이고 자신의 감정적 반응을 알아채지 못하게 만들기도 한다.

필자는 회피형 애착에 관심을 두게 되었는데 그 이유는 은둔형 외톨이들이 회피적으로 형성된 애착이 은둔으로 들어가게 하는 요인이 되지 않았을까 추측하게 되었기 때문이다. 회피하게 되는 상황의 반복은 그들의 감정을 차단하게 되고, 그러한 상태의 지속은 그들이 어떤 감정을 느끼고 살고 있는지에 둔감하게 된다. 결국은 자기 인식에 불편을 겪게 되면서 숨어 버리고자 하는 상태에 처할 수도 있기 때문에 회피 성향이 은둔으로 가는 것을 재촉하지 않았을까 라는 가설을 세우게 되었다.

마지막 애착유형으로 저항/양가형은 타인에게 애착을 원하면서도 자신의 가치에 대한 믿음 부족으로 인해 다른 사람과의 애착에 대해서 양가적인 모델을 형성하게 된다. 이들이 보이는 반응은 어머니가 어디에 있는지 너무 집착했고, 극심한 고통을 겪었으며 다시 만났을 때 분노하거나 거부하는 표현 사이를 왔다 하는 양가적인 반응을 보인다. 이들은 스트레스 환경이 주는 자극에 대해 과민하게 반응할 뿐 아니라 과도한 감정 에너지가 표현되는 특징을 갖게 된다.

이러한 애착의 결과는 성인이 되어서 감정이 불안정하고 조절을 잘하지 못하고 스트레스 요인에 적극적으로 대처하는 것에 미숙함을 보인다. 자신의 신체적 · 정신적 건강뿐만 아니라 주위의 가까운 사람에게 안 좋은 영향을 미칠 수 있다. 이때 발생하게 되는 애착 불안은 자신이 타인의 인정을 받을 가치가 없다는 부정적인 견해로 거부나 버림에 대한 두려움, 관계에 대한 집착으로 표현된다. 결과적으로는 자신이 맺게 되는 사회적 상호작용에 대해 부정적인 기대감을 얻어 다른 사람을 신뢰하기 어려워진다.

3) 메인의 성인 애착 면접(AAI)

애착에 관한 연구가 계속되면서 애착 표상을 탐색하기 위하여 반구조화된 면접법이 개발되었다. 그런 연구들 가운데 메인, 조지와 카플란(Main, George, & Kaplan, 1985)은 성인 애착 면접(Adult Attachment Interview: AAI)을 통해서 성인의 애착 경험을 바탕으로 안정-자율형, 거부-무시형, 집착형, 미해결-혼란형 등 네 가지 성인 애착유형을 보여 주고 있다.

성인 애착 면접(AAI)으로 불리는 반 구조화된 면접지는 애착에 대한 부모의 아동기 경험이 자녀가 갖는 애착의 질에 어떠한 영향을 주는가를 알아내려고 했다. 이는 사회적 관계를 평가할 때 무엇을 찾아야 하는지에 대한 유용한 지침을 제공한다. 이 연구에서 메인 등(Main, George, & Kaplan, 1985)은 성인 애착 면접을 어머니들에게 실시했는데, 어머니들의 면접 과정에서 나타난 이야기의 패턴과 그들의 자녀가 '낯선 상황'에서 보여 준 애착 패턴 사이에 많은 부분 일치성이 보였다.

한편, 메인 등(Main, George, & Kaplan, 1985)은 성인 애착 면접(AAI)의 중요한 목적은 애착에 관한 생각을 탐색하고 애착 패턴을 분류하는 것임을 강조하고 있다. 또한 성인 애착 면접(AAI)을 통해서 어린 시절 부모와의 관계, 이러한 경험이 성격에 미치는 영향, 상실 또는 외상 경험에 대해 자세한 정보를 얻게 된다. 이때 받을 수 있게 되는 질문은 상처받은 기억이나 분리, 거절, 상실의 기억과 같은 어린 시절의 애착 관련 경험에 대한 것들이다.

4) 포나기의 정신화

포나기(Peter Fonagy)는 메타 인지적이고 성찰적인 기능과 함께 정서 조절을 강조하였고, 자기 또는 타인의 마음 상태에 담겨 있는 감정과 행동에 대한 성찰적 이해 과정을 정신화라고 정의했다. 여기서 말하는 성찰적 기능이란 개인이 타인의 행동과 생각에 반응하는 것을 가능케 하는 정신적 기능으로, 정신화는 자신과 타인과의 상호 작용에서 생기는 정서적 반응과 생각을 인식하고 이해하는 것을 의미한다. 정신화의 능력으로 타인의 마음에 가지고 있는 신념, 느끼는 감정, 예측하는 희망, 숨겨진 의도와 핑계, 생각하고 있는 계획 등을 읽을 수 있게 된다.

일반적으로 정신화는 특정 경험에 대하여 여러 방면으로 관심을 두게 한다. 이미 가지고 있는 내적 작동 모델을 변화시켜 습관화된 양식이 자동화에서 벗어날 수 있도록 하여 자발적으로 기능하게 되는 가능성을 만들어 준다. 정신화는 감정적, 인지적이고 행동적인 유연성을 위한 잠재력을 만들어 낸다고 할 수 있고, 자신과 타자 모두의 심리적인 상태와 행동을 대상으로 한다.

이제 애착 이론을 가지고 은둔을 현재 경험하고 있거나 혹은 은둔을 경험했던 청년들을 이해해 보고자 한다. 은둔 경험 청년들이 이제까지의 삶에서의 관계를 알기 위해서 애착에 대해 알아보는 것은 중요한 일이다. 애착 이론은 태어나서 처음으로 만나게 되는 대상들과의 애착에 관한 내용을 담고 있기 때문이다. 볼비는 애착의 질을 대인관계의 질과 연관시켰으며 애착은 관계를 언급하지 않고는 설명할 수 없는 부분이 있다. 은둔의 결과는 결국에는 관계의 단절이라고 말해도 과언이 아니다. 은둔의 결과를 관계의 단절이라고 봤을 때 은둔 경험 청년의 애착의 질이 어떠했는지에 대해 확인하는 것이 필요한 부분이라 여기기에 애착 이론을 통해 애착의 형성이 어떠했는지, 또 그 결과가 어떤 영향을 미치는지가 앞으로의 사례에서 나타나리라 본다.

5. 참자기를 가지고 있는가

참자기를 가지고 있는가? 이 질문이 약간 모호하다는 느낌이 들 것이다. 갑자기 왠 '참자기?'라고 반문을 하고 있지는 않은가? 위니컷(Donald Woods Winnicott)은 '자기(self)'의 개념에 대한 이야기를 우리에게 하고 있다. 우리는 우리의 '참자기'가 소외된 채 '거짓자기'로 이 세상을 살아가고 있는지도 모르기 때문이다. 그럼 또 뭔 '거짓자기?' 그런 질문을 하게 될 것이다. '거짓자기'는 우리와 의외로 가까이 있다. 우리가 보여 주고 싶은 모습으로 가면을 쓴 채 '거짓자기'의 모습으로 살고 있을 수도 있기 때문이다. 특히 사회생활을 하면서 맺게 되는 관계에서는 우리는 '거짓자기'의 모습으로 사람들을 대하게 되는 경우가 많다. 혼란스럽게 하는 것은 아닌지 염려스럽지만, 한 가지 염두에 두어야 할 일은 '거짓자기'가 모두 나쁜 것은 아니라는 점이다. 어쩌면 우리가 일상을 살아가는 데에 꼭 필요할 것일 수도 있다. '참자기'를 소외하지 않으면 말이다. 그럼 이제 위니컷이 말하고 있는 '자기'의 개념으로 들어가 보려 한다.

위니컷은 '자기' 형성에 있어서 부모라는 환경을 강조하였고, 좋은 환경이 유아의 성숙 과정에 도움이 된다고 보았다. 초기의 인격

발달은 어머니–유아 '연합'의 맥락에서 일어나게 된다. 그러므로 이 시기에 어머니는 유아의 욕구를 더하지도 덜하지도 않도록 적절하게 채워 주어야 한다. 여기서의 환경은 어머니와 유아 사이의 공간을 포함하여 환경의 모든 구성 요소를 말하는 것이다.

위니컷(Winnicott, 1997)은 '자기'에 대한 개념을 '참자기(True self)'와 '거짓자기(False self)'로 설명한다. 그에 따르면 '참자기'는 생애 최초의 단계에서 자발적인 몸짓과 개인의 창조성이 나타나는 '자기'이며, 자발적인 몸짓은 활동하고 있는 '참자기'의 표현이라고 말한다. 그리고 방어적인 성격을 설명하기 위해서 '거짓자기'라는 용어를 만들었다.

'거짓자기'는 '참자기' 대신에 환경에 반응하여 '참자기'를 보호하는 일을 한다. 유아의 정상적인 발달에서 어머니는 유아를 보호하기 위해 최선을 다하고, 유아의 개인적인 창의성과 안전감이 자라남에 따라 '참자기'가 발달할 수 있게 된다. 그 후, 어머니는 천천히 유아가 감당할 수 있는 정도의 충돌을 허용하게 되는데 이 시기는 유아가 어머니의 모성 기능 중 일부를 이어받기 시작하는 시기이면서 '거짓자기'가 발달되는 시기이다. 정중하고 예의 바른 사회적 태도는 '거짓자기'가 할 수 있는 사회 적응적인 태도이고, '거짓자기'는 사회에서 생존을 위해 필요한 방어기제로 작동한다.

'자기'의 건강한 발달에 대해 클레어(Clair, 2014)는 유아의 발달 단계를 통해 설명하고 있다. 첫 단계는 유아가 태어나서 최초의 몇 주로 '절대적 의존기'라 하고, 이때는 어머니의 돌봄이 절대적으로 필요한 시기이다. 유아는 어머니의 돌봄을 통해서 전능성을 경험하게 되는데 이 전능성의 환상으로 인해 건강하고 참다운 '자기'가 출현한다. 두 번째 단계는 6개월부터 24개월 사이의 '상대적인 의존기'이

고, 유아는 자신을 어머니로부터 독립된 개체로 인식하게 되면서 불
안을 느낀다. 이때 필요한 것은 돌봐 주는 환경으로, 이러한 환경들
은 통합을 촉진하고, 외부 대상이 존재함을 인식하도록 돕는다. 마
지막 단계는 '독립을 향해 가는 시기'로 성인기까지 계속되는 시기인
데, 실질적인 도움 없이도 스스로 행동하게 되며, 개인의 존재로서
독립을 추구하게 되는 '참자기'를 만들 수 있게 된다.

　이러한 유아의 발달 과정이 어머니의 충분한 돌봄에서 자연스럽
게 형성된다면 '참자기'와 '거짓자기'는 제 기능을 할 수 있게 된다.
그러나 어머니가 일찍부터 유아에게 독립심을 요구하고 유아가 가
지고 있는 내면의 욕구를 무시하게 되고 어머니에게 복종하도록 압
력을 넣게 되면 유아에게 건강치 못한 '거짓자기'가 발달하게 된다.
이때의 '거짓자기'는 유아에게 부정적인 영향을 주어서 유아가 진실
하지도, 자발적이지도, 통합적이지도 않게 될 수 있으며, 유아는 다
양한 불안감을 경험하게 된다. 위니컷(Winnicott, 2011)은 부모가 유
아의 '참자기'를 공감해 주지 않으면서 부모가 자신의 생각이나 관점
을 주입하는 것이 유아를 침범하는 것이라 보았다. 그러면 역시 '참
자기'가 소외된 건강치 못한 '거짓자기'가 생기게 된다는 것이다. 이
러한 '거짓자기'는 환경에 지나치게 순응하며 다른 사람들과 거짓 관
계를 구축할 수도 있다. '거짓자기'로 인해 상징을 사용하는 능력과
문화적인 생활은 어려워지고, 그러한 개인은 문화적 추구보다는 극
단적인 산만함, 즉 집중할 수 없는 상태가 된다. 이러한 이유로 '거짓
자기'는 자발적으로 행동할 수 없거나, 또는 '참자기'의 일부인 창조
성이나 독창성을 가질 수 없게 된다.

　'참자기'의 기능을 방해하는 '거짓자기'를 그대로 두는 것은 위험
한 일이다. '참자기'의 소외는 공허함과 허무감을 가져오기 때문이

다. 이러한 '거짓자기' 양식으로 기능하는 것은 학술적·직업적·사회적 성공을 가져올 수 있지만 삶을 공허하다고 느끼게 되기도 하고, 지루하다고 느끼게 되며 자발적이지 않게 되어 기계적으로 움직이는 자신을 만나게 되기도 한다. 성공하게 되면 될수록 자신의 존재를 가짜로 느끼게 되는 고통을 겪게 되기도 하고 주위 사람의 기대를 만족시키는 대신에 여러 방법으로 자신을 파괴하려 하기도 한다. 이러한 '거짓자기'로 무장되어 살게 되면 어느 날 자신의 '거짓자기'를 깨닫게 되었을 때 밀려올 수 있는 허무감이나 우울감이 자신을 삼킬 수 있을 만큼 무서운 것으로 다가올 수 있다. '거짓자기'로 인해 혼돈을 겪고 있는 경우 분석 상황에서 치료는 '참자기'가 소외되지 않도록 해 주는 것인데 이를 위해서는 치료자가 내담자를 침범하지 않으면서 내담자의 경험을 받아 줄 때만 가능하다.

이제 우리는 '참자기'와 '거짓자기'가 내면에서 정상적으로 기능하는 것이 필요하다는 것과 동시에 '거짓자기'만으로 살게 된다면 악영향을 끼치리라는 것을 알게 되었다. 은둔형 외톨이가 은둔으로 가게 되는 계기 중 하나가 어린 시절에 관계의 어려움으로 인해 충분한 모성적 돌봄을 받지 못해서 '참자기'가 소외된 상태로 지내다가 '거짓자기'로 인하여 발생한 허무함과 공허감을 견디지 못했기 때문이라는 것에 생각이 미치게 되었다. 은둔형 외톨이들의 안에 내재 되어있던 '거짓자기'가 그들로 하여금 이대로의 삶은 의미가 없다는 결론을 내게 만들면서 은둔의 시간으로 가게 했다고 본다.

6. 관계를 맺는 정신적인 측면 파악하기

은둔 경험이 있는 청년들을 만나면서 관계라는 단어를 빼면 많은 부분을 설명할 길이 없다. 이들은 태어나서 처음 만나는 가족과의 관계에서 이미 좌절을 경험했다고 해도 과언이 아니다. 옷을 입을 때 잘못 채워진 첫 단추가 어떤 결과를 가져온다는 것은 우리 모두가 충분히 경험한 일상일 것이다. 그렇다면 처음 잘못 형성된 관계는 어떤 결과를 가져오리라고는 것도 상상할 수 있으리라 여겨진다. 이러한 관계를 이해하기 위해 관계 정신분석적 측면으로 접근해 보고자 한다.

관계 정신분석은 과거의 전통적인 정신분석에 한계를 느끼고 다양한 방향성을 가지고 방법을 모색하던 중에 탄생한 정신분석이다. 그렇지만 전통적인 정신분석과 다른 새로운 방식이라 보지는 않으며 궁극적으로는 개인이 가지고 있는 무의식적 정서의 진실을 발견하려는 근본적인 목표는 변함없이 유지되고 있다. 관계 정신분석은 전통적 정신분석, 대인관계 이론, 대상관계 이론, 자아 심리학 등의 요소들을 포함해서 탄생한 것이다(Mitchell & Aron, 1999). 관계 정신분석은 '관계'에 대해 증가하는 관심으로 전통적인 정신분석과는 다른 다양한 치료적 접근법과 대화의 가능성을 열어 놓았다. 또 하나 다른 변화가 있다면 일인 심리학에서 이인 심리학으로 변화되었다는 것이다. 이는 상호주관성에 대한 새로운 발견이라는 것과 동시에 새로운 전통을 만들어 내었다. 관계 정신분석에서 말하고 있는 치료자와 내담자의 관계가 정신분석 또는 분석적인 정신 치료과정에서 어떤 영향을 미치는지에 대한 치료과정을 모자 관계와 연결하여 연구한다는 것은 최근의 정신분석 혹은 분석적 정신 치료의 중요한 논의가 되었고 발달을 거듭하고 있다.

치료자와의 관계는 일찍부터 심리치료 영역에서 치료적 변화를 일으키기 위해서 중요하게 주목해 왔다. 이러한 치료자와의 관계를 말하기 전에 초기의 관계는 나중의 관계들과 마찬가지로 다중적이고 복잡하다는 것을 강조하고 싶다. 미쉘(Michell, 1988)은 관계 매트릭스라는 개념을 넓은 의미에서 하나의 패러다임으로 사용하였고, 모든 의미를 관계 안에서 발생한 것으로 보았다. 관계 정신분석에서 중요한 초점은 새로운 관계적 매트릭스에서 발달 초기 애착 외상으로 해리된 자아들을 통합해 가는 데 있다(Beresler & Starr, 2015). 왜냐하면 관계 정신분석의 관점에서 보면 개인에게서 심리적으로 보이는 것은 타인과의 관계에서 형성되고 내재되어, 타인과의 관계를 유지하려고 노력하기 때문이다. 그러나 그와 동시에 자신을 그들과 차별하기 위해 고군분투하는 것으로 그려지고 있기에 관계적 매트릭스에 대한 고려가 필요하다.

필자의 은둔 경험 청년들과의 만남은 개인과 개인이 만나는 상황이지만 둘 사이에 맺게 되는 관계에 관심을 갖지 않을 수 없다. 은둔 경험을 이야기하는 것은 상담의 상황은 아니지만, 은둔 경험이 있는 청년에게는 개인적인 삶을 나누어야 하는 자리가 된다. 어떤 경우에는 이야기하고 싶지 않은 부분까지도 가감하지 않고 나누어 주기도 해야 한다. 그러한 이유로 필자는 짧은 시간 내에 라포를 형성해야 한다는 과제를 가지게 되었다. 이를 위해서는 필자와의 만남이 청년들에게 그들을 안전하게 드러낼 수 있는 안전한 공간이 되어 주어야 하며, 이들이 자신의 이야기를 하면서 이해받을 수 있겠다는 믿음을 주는 것이 필요하다. 그러기 위해서는 관계 정신분석에서 설명하고 있는 관계에 집중해야 한다고 보았다.

　타인과의 관계가 개인의 사회문화적이고 환경적 요인에 의해 영향을 받듯이 정신적 발달은 개인의 발달뿐 아니라 개인과 타인에 의한 정신적인 환경적 요인에 의해서도 영향을 받게 된다. 정신적 환경에 의한 상호작용에서 중요한 것은 생애 초기의 모성과의 상호작용에 의한 모자 관계(Michell, 1988)인 것도 염두에 두어야 한다. 관계 정신분석은 대인관계적 패턴에 초점을 맞추고 있기 때문에 개인이 문제를 갖고 있다기보다는 문제가 있는 관계가 있다고 보기도 한다. 이러한 관점으로 봤을 때 치료자는 자신이 가지고 있는 성격, 관계 패턴 및 행동이 변화하지 않는 고정적인 부분이 아니라 치료의 결과에 상당한 부분을 설명해 줄 수 있는 중요한 변수가 된다는 것이다. 이는 치료적 관계에서 상호주관적 현상은 심리치료의 성공에 필수적인 요인이 될 수 있다는 것을 의미한다.

　여기서 더 나가서 관계 정신분석이 강조하고 있는 것은 삶에서 타인과의 관계뿐만 아니라 개인의 성격이나 '자기'의 다양한 측면과의 관계이다. 여기서 불안이라는 것을 말하지 않을 수 없는데, 개인이 불안으로 인해 '자기'를 해리시키게 되기 때문이다. 치료자는 내담자의 불안을 반영해 주어야 하고 개인이 불안으로 인해 해리되고 분열되었던 '자기'들을 수용하게 될 때 비로소 통합된 '자기'로 굳건하게 설 수 있게 된다. 불안으로 해리되고 분열된 자기를 심리치료에서 배제하지 않는 것이 관계 정신분석에서 필수적이라 할 수 있다. 은둔을 경험한 청년들을 만나면서 그들이 은둔으로 가게 되는 이유 중의 하나가 결국은 통합되지 못한 '자기'에 대한 불안감이라는 것을 알게 되었다. 이제 불안에 대해 주목했던 대인관계 이론의 창시자인 설리반(Harry Stack Sullivan)이 말하고 있는 내용을 함께 보고자 한다.

대인관계 이론의 창시자 중 한 명인 설리반(Sullivan, 1953)은 인간의 환경은 타인들과의 지속적인 상호작용을 포함한다고 강조한다. 그는 유아와 대상과의 환경과 초기 상호작용들이 앞으로의 사람들과의 관계적 역할을 형성되게 한다고 보았다. 그런 이유로 초기에는 프로이드 학파로부터 수많은 반대를 받았지만, 지금은 그의 이론이 대인관계 이론의 시발점이 되고 있다.

그는 내담자와 치료자의 관계가 치료의 핵심적인 요소라고 했고, 대인관계 이론의 기법은 통찰이나 해석에 의존하기보다는 대인관계 이론이 주장하고 있는 것처럼 치료적 관계 그 자체를 중요시한다. 더 나아가 그는 정신의학을 대인관계의 연구라고도 정의했다. 정신의학을 사회심리학의 영역에 속하는 것으로 보았으며, 건강한 성격은 건전한 대인관계로부터 파생된다고 했다. 포나기와 타제(Fonagy & Target, 2015)는 좋은 부모와의 관계를 통해서 충분한 돌봄과 애정, 지지, 칭찬을 받으며 불안의 심리가 아니라 건강한 자아존중감을 형성해 가야 한다고 말한다. 또한 설리반(Sullivan, 1953)은 인간에 대한 새로운 견해를 내세우고 있는데, 인간을 인간으로 만드는 것은 건강한 자기 체계이며 이것을 불안을 극복하기 위한 구조물이라고 보았다.

불안은 설리반의 대인관계 이론에서 핵심적 개념이고, 그에 의하면 불안은 모든 종류의 정서적인 고통과 관련되어 있다. 그가 불안을 많은 종류의 정서적인 고통과 연관되는 것으로 말하게 되는 이유는 불안이 초조함, 두려움, 죄책감, 수줍음, 무가치함, 혐오감 등과 같은 고통스러운 감정들과 관련이 있기 때문이다. 불안은 대인관계적 욕구가 충족되는 것을 방해함으로 발생하게 되는 정신병리이다. 이는 불안이 대인관계에서 발생할 수 있다는 것을 의미하고, 결국

모든 정신병리는 불안이 지배하는 관계를 추적하면서 밝혀낼 수 있
게 된다. 다시 말하자면, 불안을 대인관계 안에서 생겨나는 어떠한
염려로 보았고, 이는 항상 인간관계와 관련되어 불안이 형성된다는
것이다. 이와 같은 불안은 어느 정도의 차이가 있을 뿐, 아주 작은
미미한 수준의 불안부터 숨기기 힘들어서 공황의 상태까지 가는 불
안까지 아주 다양하고 특별한 이유 없이 다른 사람으로부터 유입되
기도 한다. 그는 겉으로 드러난 내담자들의 증상 속에는 불안을 회
피하고 처리하려는 의도가 있다는 것을 발견했다고 한다.

　이러한 불안을 직면하게 되었을 때 안전한 작용은 자신에게 익숙
한 과거의 행동유형으로 돌아가는 것이다. 이런 경우에 사용하게 되
는 대인관계 정신분석의 가장 중심적 기법 중의 하나는 질문과 자기
성찰을 통해서 내담자로 하여금 자기 체계가 어떻게 작용하는지를
깨닫게 하는 것이다. 이때 치료자들의 목표는 반영, 탐색, 자기 발견
의 과정을 통하여 내담자들이 죄책감과 부끄러움을 덜 경험하고 관
계를 맺는 것에 그들의 능력이 고양되도록 돕는 것이다.

　관계적으로 치료하는 중심적인 특징은 각 내담자, 각 치료자 및
각 분석적 쌍에 대해 초점을 맞추는 것이 포함된다. 치료자의 주관
적 경험과 내담자의 주관적 경험 그리고 상호주관적으로 만들어진
분석적 쌍의 경험을 인식하고, 이해하며, 언어적으로 상징화하여야
한다. 베레스러와 스타(Beresler & Starr, 2015)는 치료 작용의 중요한
주제를 알기 위해서 내담자에 대해 치료자에게 알게 해 주기 위한
질문에 대해 말하고 있는데 이에는 다음과 같은 것들이 있다. 내담
자의 독특함이 어떻게 잘 드러나거나 감추어지는가? 어떻게 하면 개
인사적인 이야기를 하게 되고, 내담자가 말하고자 하는 내적으로 형
성하고 있는 사적인 세계에 접근할 수 있을까? 어떻게 치료자인 우

리를 믿을 수 있게 하고, 내담자들 앞에서 그들의 필요와 바람, 때로는 이런 감정들을 잘 표현할 수 있을지를 질문하면서 치료해야 할까라는 질문을 하면서 내담자에게 접근하라고 말한다.

그러면서 관계 정신분석에서 치료의 목적은 내담자가 자신만의 주관적 세상으로 진입하고, 자신의 관계적 세상의 일부분이 됨으로써 더 적응적인 자기를 발달시키도록 돕는 것이라 한다. 이것은 내담자가 자신의 내면에서 무의식적으로 관계하고 있는 자기들을 발견하고, 그들과의 관계를 적응적으로 잘 해냄으로 인해 자신에 대한 인식이 이루어지게 된다. 이는 무의식적으로 내재되어 있던 것과 자기와의 화해가 이루어짐을 의미한다.

이상으로 관계 정신분석에서 대인관계 이론에 중점을 두면서 이야기를 하여 보았다. 이를 통해 은둔 경험이 있는 청년과 필자의 관계가 치료적인 관계는 아니지만, 필자가 대인관계적인 접근으로 그들 안에 있는 불안을 이해하고 상호주관성을 가지고 은둔 경험 청년들과 소통하게 된다면 그들의 경험을 더 잘 이해하게 되리라 보았다. 또한 그들이 겪었던 주관적인 경험이 언어로 나타나면서 만남이 이루어진다면 은둔 경험이 현상으로 드러나게 하는 데에 도움이 될 것이다.

은둔을
경험한
청년들의
이야기

제2부

은둔을
경험한
청년들의 이야기

7. 은둔 경험 청년들의 이야기

이제 은둔 경험 청년들의 개별적인 경험을 이야기하려고 한다. 시
작하기에 앞서 필자가 그들을 만나기 전에 가지고 있었던 선입견을
나눠 보고자 한다. 이렇게 선입견을 나누는 이유는 누구나 사람은
다른 사람을 볼 때 자신만의 렌즈를 가지고 있어서 섣부른 판단을
하기 쉽다는 것을 알리기 위함이다.

첫 번째는 은둔 경험 청년들이 은둔으로 들어가게 된 계기가 명확
할 것이라는 것이다. 필자의 아들이 1년 반 정도의 은둔형 외톨이가
되었던 경험이 있다. 아들은 은둔으로 가게 된 계기가 친한 친구가
어려움을 겪는 상황을 보면서 그 어려움이 자신과 관련이 있다는 마
음으로 우울감을 호소하다가 은둔으로 가게 된 경우였다. 이러한 필
자의 경험이 이와 같이 다른 은둔을 경험한 청년들도 은둔으로 가게
된 계기가 명확할 것이라는 선이해를 갖게 되었다.

두 번째는 은둔 경험을 가졌다고 하지만 그들의 경험 중에 말하고
싶지 않은 시간이 많이 포함되어 있을 것이기 때문에 자신이 보냈던

경험에 대해 많은 부분을 말하지 않을 것이라는 것이다. 필자는 오랜 기간 상담사와 코치로 사람들을 만나 오고 있었기 때문에 선입견에서 자유로울 것이라 여기고 있었지만 결코 그렇지 못하다는 것을 알게 되었다. 이러한 선입견을 갖게 된 이유로는 필자를 그들에게 투사한 것이 주된 이유일 것이다. 과거의 필자는 자신이 느끼기에 자신의 힘든 일들을 타인에게 잘 털어놓으려 하지 않았기 때문에 그들도 은둔을 경험한 전후에 겪게 되었던 말하고 싶지 않은 경험을 타인에게 말하는 것을 어려워할 것이라는 선입견이 있었다.

세 번째는 은둔을 경험한 청년이 은둔 시기를 보내지 않았다면 지금의 자신의 상황은 더 잘 되어 있고 사회적으로도 성공하였을 것이라는 생각이 그들에게 있을 것이고, 은둔을 제공한 대상이 있다면 그들에 대한 원망이 많을 것이라는 것이다. 이 부분에 대해서 필자는 양가감정을 느끼게 되는데, 그 이유는 문헌 연구를 통해서 은둔형 외톨이에게 그 시기가 필요한 시간이라는 것을 알게 되었기 때문이다. 필자에게는 은둔 경험을 한 청년들이 은둔 시간에 대해 후회를 할 수 있겠다는 선입견이 있었다. 그러나 이러한 선입견은 기우에 불과했다는 것을 그들과의 인터뷰를 통해 느끼게 되었다.

은둔 경험을 한 청년들과의 인터뷰는 만 19세 이상, 만 34세 이하의 은둔을 경험한 청년 10명이 참여해 주었다. 그들의 은둔의 시간에서 벗어난 기간은 6개월 이상이 되어야 한다. 여기서 말하는 은둔 경험은 ① (자택에 틀어박혀) 사회참여를 하지 않는 기간이 6개월 이상 지속되고, ② 정신적인 장애를 그 원인으로 생각하기 어려운 경우를 말한다(단, 사회참여란 취학이나 취업상태, 가족 외에 친밀한 대인관계가 있는 상태를 말함). 제외되는 기준은 현재 은둔의 시간을 보내고 있거나 은둔 경험에서 벗어난 지 6개월이 채 지나지 않은 경우이다. 이러한 기준에 충족되어 인터뷰에 응한 청년들은 모두 가감 없이 솔직하게 자신의 경험을 이야기해 주었다. 먼저는 그들의 개인의 이야기를 들려주려고 한다. 그런 후에 그들의 공통된 경험을 통해 알게 된 8개의 주제와 더불어 21개의 드러나는 이야기를 소개할 것이다. 그다음에 경험에서 나온 이야기들의 맥락적인 구조를 그림으로 만들어 보려 한다.

혜원의 이야기

　혜원이는 초등학교에 입학하게 되면서부터 학교 친구들과의 관계에 어려움을 느낀다. 친하게 지내고 싶었던 친구들로부터의 외면으로 관계의 어려움을 겪는다. 이러한 상황으로 인해 당연히 학교에 가는 것이 싫었을 것이다. 자주 학교를 안 나가게 되었고, 이것이 친구들과의 사이가 더 멀어지게 되는 계기가 되었다. 그렇게 초등학교 시절을 보내고 중학교에서는 친구들과 그런대로 잘 지내는 거 같았지만 그렇다고 다 괜찮은 것은 아니었다. 그렇게 친구들과 잘 지내지 못하는 자신이 부끄러워서 화장실로 피해야 했던 적도 있었다. 화장실로 피한 이유는 거기에 가 있으면 아무도 부끄러운 자신을 보지 못할 것이라 여겼기 때문이었다.

　그래도 중학교 때는 뮤지컬 동아리를 하면서 살아갈 힘을 느끼게 되었고, 이것이 삶에 활력소가 된 적이 있기도 하다. 대학 입시를 앞두고는 그때의 뮤지컬에 대한 경험이 좋았던 터라 연기 관련 학과에 진학하겠다는 결정을 하였고 연기 수업을 들으면서 입시를 준비했다. 그러나 그해 입시에 실패했다. 다시 재수를 하였으나 열심히 해야 한다는 부담감 때문인지 연기에 대한 열정이 사라지면서 연기도 그만두고 은둔의 시간을 보낸다.

　그렇게 집에서 보내는 2년이라는 은둔의 시간은 너무 긴 시간이었다. 가족들의 관계를 보자면 부모는 서로 사이가 안 좋았고, 혜원이는 오빠와도 잘 싸웠으며 아버지는 혜원에게 폭력을 행사하기도 했다. 심지어는 오빠도 은둔형 외톨이로 지내고 있는데 오히려 자신에게 식충이라고 놀리는 말을 하기도 했으며 이러한 오빠와의 충돌로 부모의 동의하에 집에서 나와서 따로 살기로 한다.

그렇지만 혼자 지낸다고 해서 다 편해지는 것은 아니었다. 힘든 시간을 보내면서 자신도 이대로 있어서는 안 되겠다 생각하고 있던 차에 어머니의 권유로 상담을 받는다. 상담사 선생님의 조언으로 은둔형 외톨이를 위한 프로그램에 참여한 것이 은둔에서 벗어나는 계기가 되었다. 지금은 잘 살려고 애쓰고 있긴 하지만 여전히 무기력한 감정을 느끼고 있으며 삶에 대한 희망을 발견하고 있지는 못하고 있어서 은둔을 경험한 후에 사회에 적응 중이라고 표현하고 있다.

인수의 이야기

자신의 가족은 유치원 시절까지만 해도 화목한 가정이었다고 인수는 말한다. 당시에는 친하게 지냈던 이웃과 함께 밥을 먹거나 즐겁게 논 기억이 있다. 그런데 아버지가 사업의 어려움을 겪으면서 아버지와 어머니는 싸우는 일이 많아졌고, 어머니는 그런 아버지를 어느 순간에 포기한 것처럼 보였다. 그래도 인수는 그런대로 평탄하게 초등학생과 중학생의 시절을 보낸다.

친구들과의 관계에서 힘듦을 느끼게 된 시기는 고3 때이다. 친했던 친구와 함께 하던 게임 아이템을 주고받는 과정에서 친구가 자신을 속이는 일이 발생한다. 친구가 자신에게 정직하게 행동하지 않았음에도 불구하고 그 친구가 다른 친구들에게는 인수가 잘못한 것인 양 험담을 하고 다니게 되면서 그 친구에게 크게 실망하게 된다. 그런 일을 겪고 나니 다른 친구들에게도 실망하게 되면서 친구들과의 관계가 힘들고 어려워진다. 당시 공부에도 별 관심이 없었기에 열심히 하지 않았고 자식의 공부에 열의가 많은 아버지를 피해서 잘 놀고 있었다. 그러다가 대학교 입시를 앞둔 때가 되니 아버지의 공부에 대한 압박이 시작되었다. 입시를 앞두기 전까지는 그런대로 아버지에게 자신의 성적이나 상태를 잘 숨기고 지냈다. 그러다가 입시가 가까워지니 더 이상 숨기기 어려워졌을 뿐더러 무슨 수를 써서라도 서울에 있는 4년제 대학에 가라는 압박을 받는다. 인수는 그것은 이미 불가능하다는 것을 알고 있었고 입시가 바로 코앞으로 다가오자 아버지와의 갈등이 본격화되었다. 결국은 공부도 안 하고 입시 준비도 안 했던 것을 아버지도 알게 되었다. 인수는 이제 아버지와 살 수 없다는 결정을 하고는 집에서 나온다. 나오면서 오히려 자유로움을 느끼며 왜 그렇게 참고 지냈는지 후회가 되기도 했다.

집을 나온 인수는 대학에 대한 궁금증은 갖고 있어서 비록 시기적으로 일반 전형은 다 끝나 버렸을 때였지만 그 당시에 모집 중인 전문대학에 지원하였고 장학금을 주는 학교에 입학하여 대학을 다닌다. 열심히 대학 생활을 한 것은 아니지만 동기들과 잘 지내면서 무사히 졸업한다. 그리고 졸업과 함께 학교에서 만났던 동기들과도 자연스럽게 멀어진다. 그러면서 그 후 2년 정도 아무와도 연락하지 않고 오로지 온라인으로만 사람들과 소통하면서 지낸다. 처음에는 그 시간이 너무 자유롭고 행복해서 시간이 가는 것을 느끼지 못할 정도였다. 2년이 넘어가면서부터 조금씩 경제적인 어려움을 겪으며 이대로 있는 것은 손해라는 생각이 들어서 은둔으로부터 나오겠다는 결심을 한다. 그때 마침 K2 인터내셔널 코리아에서 진행하는 은둔 고수 프로그램에 참여하는 기회를 얻으며 차츰 은둔으로부터 나온다. 처음에는 은둔 고수 프로그램에 참여하는 것도 힘들어서 제대로 참석을 못한 적도 있지만 그곳에서 일하는 스탭들의 지지 덕분에 계속 참석했다.

윤재의 이야기

윤재는 3남 1녀 중에서 막내로 태어나 형제들과 부모의 사랑을 받으면서 자랐다. 그렇지만 부모는 정해진 답을 가지고 계시는 것 같은 부모였고, 두 분은 사이가 안 좋았다. 형제들은 나이 차이가 많이 나기도 했고 부모의 말을 받아들이며 살고 있었다. 어머니는 아버지의 폭력적인 모습을 참다가 한 번씩 폭발하곤 했는데 윤재가 여섯 살 때 어머니의 심한 자해를 목격하고 충격을 받은 적이 있다. 당시 어머니의 자해는 목숨이 위험할 정도의 자해였다.

비교적 원만하게 학창 시절을 보냈으나 부모의 불화를 보면서는 심한 자괴감을 느끼기도 했다. 그러한 불만을 형들에게 이야기를 해도 그냥 참으라는 말밖에 들을 수 없었다. 한동안 이런 불만을 참으면서 순응하며 살았다. 그러다가 대학에 입학했지만, 원하는 공부가 아니어서 계속 공부를 할 수 없었고 결국은 자퇴한다. 그러다가 군대에 가게 되었는데 상병이 되었을 무렵에 동료나 선임들과의 관계가 힘들어져서 이상 행동을 하게 되었고, 그로 인해 정신병동에 입원한다. 어떤 행동을 했는지는 기억이 나지 않는다. 상사에게 가서 무엇인가를 말했던 기억은 나지만 어떤 일인지 기억을 하지 못한다. 그렇게 몇 번 정신병동에 입·퇴원을 반복했다.

그 후에 윤재는 정신과 약을 먹으며 일상적인 생활을 잘하고 지냈다. 그런데 약 부작용인지는 모르겠지만 손이 많이 떨리면서 차츰 대인관계를 기피하게 되었고 은둔의 시간으로 들어간다. 어쩔 수 없이 들어간 은둔의 시간이 편하지만은 않았다. 당시 인터넷을 통해 청년들의 고독사를 접하게 되면서 자신도 그렇게 되지 않을까라는 불안을 느낀다. 자신에게 어떤 돌파구가 필요하다고 생각하여 인터넷을 검색하다가 '안 무서운 회사'의 셰어하우스를 찾았다. 윤재는 지내고 있던 곳에서 벗어나서 셰어하우스로 거처를 옮기면서 은둔에서 벗어났다. 벗어나긴 했지만 지금도 대인관계에서는 불편함을 느낄 때가 있으며 자신이 생각하기에는 은둔에서 벗어나는 과정에 있다고 보는 것이 좋겠다고 한다.

정희의 이야기

　정희는 아버지가 어머니와 결혼을 하고 싶어서 한 것이 아니라 의무감으로 한 사람처럼 느꼈다. 그러다 보니 일상에 늘 불만이 많으신 아버지는 폭력적이었고, 어머니와 정희에게 폭력을 행사하는 경우가 많았다. 두 분은 맞벌이를 했는데 가족이 함께 무엇을 해 본 기억이 없다. 어머니는 평일에는 일하지만 쉬는 날에는 자신을 데리고 어디라도 가려고 노력했던 기억이 난다. 그래서 어머니에게는 사랑이 느껴졌으나 아버지에게는 그런 사랑을 느낄 수 없었던 것이 정희는 안타깝다.

　자신의 어린 시절은 그런대로 평탄하게 지내는 것처럼 느껴지기도 한 적이 있으나 초등학교 때부터 게임에 빠지기 시작해서 학교를 빼먹는 일이 많아졌고, 중학교 때는 결석이 많아지면서 학교를 중단하게 되는 일이 발생한다. 학교에서 친구의 관계가 그런대로 괜찮았다고 느꼈지만 학교 외의 장소에서 친구들을 만나거나 아무런 관계를 하지는 않았던 것이 지금 생각해 보면 신기하다고 표현한다. 학교를 그만둔 이유는 게임을 너무 많이 하는 것도 있지만 자신이 너무 폭력적이 되기도 해서이다. 이런 자신을 감당하기 힘들어진 어머니가 정신과에 데리고 가게 되었는데 거기서 화병이라 진단받고 약을 처방받는다. 약이 너무 강해서인지 정신을 차릴 수가 없었고 학교에서 자는 일이 많아지면서 어머니에게 학교를 안 가겠다고 졸라서 결국은 학교를 그만둔다.

　집에 있게 되면서 정희의 폭력 성향은 더 심해졌다. 실제로는 아버지에 대한 분노인데 아버지라는 대상이 너무 무서워 어머니에게 폭력을 행사하게 되면서 어머니가 더는 참지 못하고 정희를 정신병동에 입원시킨다. 그렇게 입원과 퇴원을 세 차례 반복했다. 마지막으로 입원했을 때는 입원당했다는 사실이 너무 화나서 아무것도 하지 않으려 했었다. 그러나 자신의 주치의였던 선생님의 배려와 사랑으로 마음이 누그러지기 시작했다. 그 배려는 당시 병원에서는 핸드폰을 사용할 수 없었으나 정희에게는 사용할 수 있도록 허용해 준 것이다. 그는 함께 병원에 입원 중인 어떤 오빠와 소통하게 되었고 마음이 조금씩 열리게 된다. 그러던 어느 날에 모처럼 밖으로 나갈 기회가 생겨서 병원을 산책하던 중에 만난 햇살이 너무 좋아서 기분이 좋아졌다. 그 경험이 뭔가를 하겠다는 결심을 하는 계기가 되었으며, 비록 오랫동안 걷지 않았던 탓에 걷기가 힘들었지만 운동을 열심히 했다. 사회에 적응하기 위해 마트도 가고 편의점도 가고 하면서 사회적응 훈련을 열심히 한 덕분에 은둔에서 벗어났다. 그 후에는 셰어하우스에서 지내다가 지금은 셰어하우스에서 나와서 혼자 생활하고 있다. 정희는 아직도 본가에 가게 되면 다시 은둔했을 때의 모습으로 돌아가기도 해서 될 수 있으면 가지 않으려고 한다.

사라의 이야기

사라는 어린 시절부터 아버지의 신체적·언어적 폭력에 시달렸다. 어머니와 동생도 아버지로부터 당하기도 했으나 특별히 큰딸이라 관심이 많았던 탓인지 더 많이 맞고 더 많은 욕을 먹어야 했다. 폭력의 이유는 다양했다. 구구단을 못 외운다든지, 청소를 안 했다든지, 설거지를 안 해 놨다든지 같은 사소한 것들이었다. 어느 날은 아버지가 자신을 때렸다는 사실을 교회 주일학교 선생님에게 말했다는 이유로도 맞았다. 그렇게 어린 시절을 보내고 중학교와 고등학교에 진학했지만 그다지 평탄하게 보내지는 못했다. 중학교 입학을 앞두고는 교복을 사러 가서 사라가 살이 너무 쪄서 교복이 잘 맞지 않는다는 이유로도 아버지로부터 욕을 먹어야 했다. 그렇게 입학한 중학교 때는 왕따를 당했다. 심지어 고등학교 2, 3학년 때는 학교폭력을 당했는데 온갖 학교폭력이라고 할 수 있는 것들은 다 당했다. 사라의 물건을 교실 밖으로 던져 버리기도 했고, 화장실로 피해서 울고 있으면 따라 와서 휴지를 던지기도 했다. 심지어는 과자를 바닥에 던지고 주워 먹으라고까지 했는데 그들은 그런 일을 하면서 계속 웃는 모습이었고 지금도 그 모습을 생각하면 끔찍하다.

그러다가 대학에 입학했으나 학교에 다닐 수 없었다. 학교에 가서도 밥을 화장실에서 먹은 적도 있을 정도로 불안이 심해졌으며 수업을 많이 빼먹었다. 그러다가 결국은 집에만 있었다. 대학에 들어간 처음 1년은 부모님과 따로 지내고 있어서 집에 있을 수 있었다. 그러다가 2학년 때부터는 함께 살게 되었는데 그때는 부모의 성화에 집에 있지 못하고 학교에 가는 척하고는 비상계단이나 공원에서 시간을 보내다가 집에 들어가야 했다. 그러던 어느 날 폭력성이 너무 심해져서 병원에 입원하였고, 퇴원한 후에는 아버지와 함께 지낼 수 없다는 생각으로 차에서 지내는 노숙 생활을 했다. 그래도 아버지는 계속 자신을 이해하지 못하고 힘들게 해서 참고 참다가 어느 날에는 폭발하고 말았다. 자살을 할 생각으로 먹으면 안 되는 약을 먹게 되었고 그 결과 중환자실에 입원까지 하는 신세가 되었다. 그 이후에는 자신이 폭발했던 모습이 충격이었는지 아버지의 태도가 달라졌다.

은둔하면서도 자격증을 따기 위해 공부하기도 했고, 자격증을 따면서는 뭔가를 하고 있다는 생각으로 즐겁기도 했다. 그러다가 SBS에서 기획된 프로그램에 참여자를 모집한다는 유튜브의 광고를 보고 지원하여 많은 경쟁률을 뚫고 합격하게 되면서 서울로 올라온다. 그러한 이유로 셰어하우스에서 한 달만 지내기로 하고 올라왔는데 그 이후로도 계속 지내고 있다.

은서의 이야기

은서의 어머니는 언니를 출산한 후부터 산후우울증을 겪으면서 지금까지 우울하다. 아버지도 정신과 약을 복용하고 있는데 그 이유에 대해서는 말하지 않는다. 부모는 예절 등에 관한 가정교육은 열심히 하였는데 지식과 관련된 것에 대해 궁금해서 물어보면 그것도 모르냐면서 핀잔을 들어야 했다. 은서의 부모는 항상 어떤 규칙을 가지고 있으면서 그 규칙에 맞추어 살기를 원했다. 그것에 순종하지 않을 때는 매를 맞거나 언어폭력을 당해야 했다. 심지어는 맘에 들지 않는 행동을 했을 때 친구들에게 일일이 전화해서 은서와 함께 놀지 말라고 말을 한 경우도 있다.

은서는 그런 상황이 너무 힘들어 투쟁했지만 어린 은서에게는 감당하기 힘든 일이었다. 학교생활도 열심히 투쟁적으로 했었던 기억이 있는데 그렇게 열심히 살지 않으면 뭔가 잘못될 것 같은 느낌이 들어서였다. 특히나 친구들과의 관계의 문제에서 더 그랬었다. 중학교 때에 동성애를 경험하면서 힘든 상황에 놓이게 된다. 부모는 이 일을 많은 사람에게 알렸으며 애인과 떨어뜨려 놓기 위해서 정신병원에 입원시키기도 했다. 게다가 상대 애인의 부모로부터 협박당하기도 했다. 그런 것들은 다 견딜 수 있었지만, 당사자인 애인이 자신을 떠나며 배신한 것은 견디기 어려웠다. 그 배신감을 감당하기 힘들어서 우울증과 대인기피증이 생기게 되었고 은둔의 시간으로 들어갔다.

은서는 참 당차게 현실을 직면해 나가고 있다고 생각했지만, 우울증이 오면서 모든 것이 무너졌다. 그리고 은둔의 시간으로 들어가면서부터는 자신을 참 무능하고 쓸모없는 사람이라 느끼기 시작했다. 은둔으로부터 빠져나오기 위해 서울에 와서 자취 생활을 시작했으나 오히려 언니에게 집착하였고, 그 집착이 자신을 건강하지 못하게 한다는 생각이 들었다. 언니도 은둔을 하고 있었는데 자신의 상태는 인정하지 않으면서 은서에게 모진 말들을 하며 힘들게 했다. 그런 상황으로부터 벗어나려 하다가도 다시 집착을 하는 것을 반복하기 일쑤였다. 그 집착으로부터 빠져나오려 애를 쓰는 과정에서 아무와도 접촉하지 않고 혼자만 있는 시간을 갖게 된다. 오히려 아무와도 접촉을 하지 않게 되니 더 편안함을 느낀다. 은서는 그 시간을 통해서 많은 생각을 하면서 더는 이 상태로 있을 수 없다는 결론을 내리고 은둔 고수 프로그램에 참여하면서 은둔에서 벗어났다.

재진의 이야기

가족과의 관계에서 즐거웠던 점이 없었다고는 생각하지 않으나 아버지는 너무 강압적이었고, 무서웠던 기억이 난다. 자신이 아버지에게 폭력을 당했다기보다는 형이 아버지에게 심하게 혼나는 것을 보면서 자랐던 기억이 많다. 자신에 대한 기억도 어렴풋이 느껴지는 것이 있기는 하지만 정확한 기억은 없다. 친구와의 관계에서는 작은 문제들은 있었지만 그런대로 평탄한 중·고등학교 시절을 보낸다. 그러다가 대입에 실패했다. 자신은 주로 몸을 쓰는 운동을 하면서 정신적으로 힘든 것을 많이 극복하면서 살고 있다고 생각했다. 그러다가 군에 입대하였고 힘든 군생활을 하다가 제대한다. 제대 후에 좋아하는 사람을 만나게 되면서 너무 성급한 결혼을 한다.

결혼 당시만 해도 무엇을 해도 할 수 있을 것이라는 자신감이 충만했었고 오히려 교만하기까지 하지 않았나 생각이 들기도 했다. 그러나 결혼하는 과정에서 상대 여자 친구 어머니의 말이나 행동으로 인해 많은 상처를 받았다. 결혼한 후에 아내의 직장을 따라서 남미로 가서 6개월을 지내며 너무 힘듦을 느끼면서 그때부터 가끔씩 은둔을 경험한다. 아내와 다시 한국을 돌아오는 과정에서 여행을 계획하고 함께 여행하게 된다. 그렇게 함께한 즐겁기만 해도 모자란 한 달간의 여행의 시간이 너무 힘든 시간이 되어 버려서 아쉬움이 남는다. 결국은 둘 사이에 문제가 생기게 되었고, 한국에 돌아와서는 부부가 함께 상담을 받는 등 다시 잘 지내려고 노력해 보았으나 자신이 너무 지쳐 있었기 때문에 이혼하게 된다.

상담을 받으며 결혼생활을 이야기하는 과정에서 상담사가 이혼하는 것이 좋겠다는 조언을 했기 때문에 자신도 그러고 싶은 마음이 합쳐져서 이혼이라는 결정을 내린다. 그런데 막상 이혼하게 되니까 아내가 너무 그리워서 다시 만나게 되었는데 서로에게 실망하고 헤어진다. 헤어진 후에는 그래도 살아가야 하니까 무엇인가를 해 보려고 발버둥도 쳐 보았으나 결국 선택한 것은 은둔이었다. 은둔의 시간을 보내면서 다시 은둔에서 벗어나고자 하는 열망을 가졌고, K2 인터내셔널 코리아의 은둔 고수 프로그램과 셰어하우스를 알게 되면서 은둔에서 벗어났다. 지금은 새로운 여자 친구도 생겼고 미래를 위한 준비를 하면서 잘 지내고 있다.

윤후의 이야기

나이 터울이 많은 누나가 두 명이 있고 화목하다고 할 수 없는 가정에서 태어났다. 부모는 늘 사이가 안 좋았고, 아버지는 일로 늘 바빴다. 어머니는 일하지는 않았지만 놀러 다니는 것을 좋아해서 집에 잘 없었고 밤이 늦어서 야 들어오는 경우가 많았다. 그런 환경에서 자라다 보니 혼자 있는 시간이 많았고, 밤이 깊어질 때까지 집에 혼자 있어야 했다. 윤후는 혼자서 울기도 하고 게임도 하면서 외로운 시간을 보내곤 했다.

초등학교 때는 그런대로 잘 지냈다고 생각하는데 중학교에 가면서부터 친구들로부터 따돌림을 당한다. 그래서 학교가 가기 싫었지만 따돌림을 당하거나 학교에 가기 싫다는 것을 직접 말로 표현한 적이 없다. 심지어는 담임선생님이 친구관계가 어렵다는 것을 눈치 채고 물어본 적도 있지만 그냥 괜찮다고 말하면서 아무렇지 않게 넘어갔다. 너무 힘들 때는 다른 핑계를 대면서 어머니에게 말을 한 적이 있으나 그것도 무시되기 일쑤였다. 그렇게 중학교 시절을 보내고 고등학교에 갔는데 학교에서의 상황은 조금 나아지는 것처럼 보였다. 그러나 가족 문제는 고1 때 아버지의 사업이 힘들어지고 어머니에게 생활비를 주지 못하는 것으로 많이 다투다가 아버지가 집을 나가면서 부모가 이혼하며 악화되었다.

그 후 윤후는 대학에 입학하게 되었는데 당시는 코로나 상황이라 처음에는 수업이 비대면으로 진행이 되어서 그런대로 잘 지냈다. 그러다가 코로나 상황이 나아지면서 학교를 출석해야 하는 때가 다가오자 학교에 다닐 수가 없어서 자퇴한다. 혼자서 자퇴를 결정했는데 어머니와 누나가 알게 되면서 왜 혼자서 결정하냐고 난리를 친다. 그 말들을 무시하고 자퇴하고 난 후 집에만 있게 되면서 은둔의 시간을 보낸다. 그런 시간을 보내면서도 늘 어떻게 하면 이 시간을 끝낼 수 있을지에 대해 고민했다.

그러던 중 연락도 안 하고 지내던 큰누나가 작은누나를 통해 연락하면서 서울에 있는 셰어하우스에 대해 알려 주었고, 아버지도 셰어하우스에 지불해야 하는 비용을 지원해 준다고 해서 은둔의 시간을 끝내고 서울로 왔다. 셰어하우스로 오게 되는 과정에서 큰누나와 아버지로부터 정신적인 도움을 많이 받게 되었고, 의지하는 가족이 있다는 것에 감사하게 된다.

서원의 이야기

미국으로 이사하기 전에는 평범하게 살아가고 있는 가정이었고 평탄한 삶이었다. 그런데 아버지의 주재원 생활을 위해 미국에 함께 가게 되면서 여러 가지 면에서 힘들어지기 시작한다. 미국으로 이사한 것 자체도 적응하기 힘든 일이었는데 미국 내에서의 잦은 이사는 재원이에게 감당하기 힘든 일이었다. 학교에서는 언어나 여러 가지의 문제로 친구들과의 관계에서 따돌림을 당하면서 적응이 어려웠고 무기력에 빠지게 된다. 부모에게 힘들다고 말해도 부모는 그곳에서 공부하는 것이 서원이에게 더 나은 선택이라 생각을 했기 때문에 그의 의견은 무시되곤 했다. 그렇게 지내다가 대학에 진학하였고, 입학해서 어느 정도가 지나자 하던 공부를 지속할 수도 학교에 다닐 수도 없었다.

한국에 나오고 싶었기 때문에 한국에 나와서 생활하면 나아질 줄 알고 혼자서 한국에 나와서 생활한다. 한국에서 1년 정도 지내면서 상담을 받아보기도 하였는데 나아지기는커녕 더 고립되는 생활이 되었기 때문에 다시 미국으로 들어간다. 미국에 가서는 다시 마음을 가다듬고 전공을 바꾸어 보기도 하고 친구들과도 잘 지내 보려고 노력했으나 노력에 그치고 만다. 마침 코로나로 인해 온라인 수업으로 바뀌기도 했지만 그러한 계기로 은둔의 시간으로 들어갔다. 그러던 와중에 심리치료를 받았고, 그것을 통해서는 많은 도움을 받았다. 도움을 받고 어느 정도 좋아지기는 했으나 심리적인 어려움으로 공부를 계속하기 어려웠다. 그래도 시작되었던 학기는 잘 마무리하고 군대 문제를 해결하기 위해 한국으로 나왔다.

한국에서는 이곳의 셰어하우스로 들어오게 되면서 은둔에서 벗어난다. 아직도 고민이 많은데 어떻게 미국으로 들어가서 하던 공부를 마치고 자신이 원하는 직업을 얻어서 살아야 하는가가 너무 고민이고 무엇을 잘하는지도 모르는 상태. 지금까지는 그래도 공부를 열심히 해서 여기까지 왔다는 생각이 들기도 하지만 자신을 너무 다그치면서 온 것이 아닌가 하는 생각이 든다. 공부를 열심히 한 것은 교육열이 높으신 외할머니의 영향이 크다고 하면서 외할머니는 공부를 못하는 사람들을 무시하고 좋아하지 않아서 그 할머니의 마음에 들고자 노력했다고 한다.

초희의 이야기

아버지가 사업에 실패하면서 폭력 성향이 많아졌는데 어머니에게는 신체적인 폭력을 많이 행사했고, 자신에게는 언어적인 폭력을 주로 행사했다. 언어폭력의 주된 내용은 어린 시절 실수한 것과 주어진 일을 제대로 하지 못한다는 것이었다. 초희는 아버지의 사업이 실패하면서 이사를 자주 다녀야 했다. 그런 와중에 초등학교를 다녔기 때문인지 친구 관계가 좋을 수가 없었다. 중학교 때는 그런대로 친구들과 사귀었지만 고등학교에 들어가서는 학교 가는 일 자체가 너무 힘들어서 자주 결석했다. 결국 학교를 계속 다닐 수 없어서 자퇴를 결심하였는데 자퇴하는 과정에서 선생님들이 자신의 자퇴를 말리는 상황이 너무 힘들었다. 자신을 말리는 선생님 때문에 자퇴를 한 것이 잘한 일이라는 생각이 들기도 했다. 자퇴 후 방송통신고등학교로 전학하였고 그 곳에서 졸업했다.

그 후 은둔의 시간으로 들어갔는데 아버지의 폭력이 계속되던 중에 참다 못해 심한 자해를 하게 되면서 목숨이 위태롭기까지 했으나 잘 회복되었다. 덕분이라고 해야 할지 모르겠으나 그 이후에는 아버지의 폭력이 잦아들었다. 자해한 후 수술도 잘 되고 낫게 되는 과정에서 주치의의 도움으로 우울증이 있다는 것을 알게 되어서 우울증 약을 먹는다. 부모와 초희는 초희가 학교에 가지 못할 정도로 무기력하고 힘든 것이 우울증이라는 것을 알지 못했기에 주치의에게 감사한 마음이 든다. 아버지의 사업 실패로 계속 남쪽 지방으로 내려가다 보니 당시에는 지방에서 지내고 있었는데 동생이 서울의 대학에 진학하면서 함께 서울로 와서 생활한다. 서울 생활 초기에는 집에서만 지냈으나 상담을 받으면서 좋아졌다. 그래서 아르바이트를 하면 좋겠다고 결심하고 지원을 했는데 면접관이 지금까지 뭐하고 지내다가 이제야 아르바이트를 하러 왔냐는 말을 듣고는 다시 은둔으로 들어갔다.

초희는 적응하기 위해 대학에 진학해 보기도 하고 자격증 준비를 해 보기도 했으나 할 때마다 잘되지 않았다. 무엇인가를 하려고 결심하고 열심히 하다 보면 과도하게 소진하게 되면서 마무리를 잘하지 못하게 되는 경우가 있다. 그러다가 은둔 고수 프로그램을 신청하면서 프로그램에 참여하였고, 그런 이유로 K2 인터내셔널 코리아와 연결되어 일도 하였으며 은둔에서 벗어난다.

이상이 은둔 경험 청년들이 들려준 개인의 경험이다.

앞으로는 그들이 인터뷰에서 말한 이야기에서 공통으로 경험한 것을 연관 있다고 생각되는 주제로 묶어서 상세히 소개하고자 한다. 이미 정리되어 가고 있는 이야기가 좀 더 살아 있는 이야기가 되었던 이유 중에 그들의 노고가 있었기에 소개하고자 한다. 필자가 인터뷰를 마치고 두 달 정도 지난 시점에 은둔을 경험한 한 청년이 전화를 해 왔다. '안무서운 회사'에서 '꼭꼭 숨었쇼'라는 제목으로 '사실 숨고 싶지 않은 우리들의 콘서트'를 진행하니 참석을 해 줄 수 있냐는 제안을 받았고, 기꺼이 참석하겠노라고 약속하여 참석하게 되었다. 그 콘서트는 은둔 경험을 한 청년들이 작곡한 노래를 발표하면서 직접 연극을 하는 것이었다. 연극을 통해서 전달하고자 하는 내용은 그들이 은둔했던 경험을 바탕으로 은둔으로 갈 수밖에 없었던 이유와 은둔으로부터 나오게 되는 계기 등을 독백으로 말하는 것이 주를 이루었다. 그곳에서 함께 인터뷰에 참여해 준 청년들을 만날 수 있었던 것도 좋았지만 그들을 만나면서 들었던 내용에 대한 자세한 이야기들을 복기하면서 생생한 느낌을 받는 시간이 된 것이 참 감사하다. 그 콘서트에서 들었던 노래 중 하나가 은둔을 겪고 있는 청년들을 잘 표현해 주고 있다 생각되어 소개하고자 한다.

혹시 괜찮으면 물어봐도 될까요?

작사/작곡: 은둔고수

눈을 뜨면 텅 빈 천장
고요한 적막 흐르고
도망갈 길을 찾았지만
결국 미로를 만들었네

누구와도 내 모습과도
잘 지낼 자신은 없어
내 삶의 주인은 내가 아냐

밖에 나와 보니 햇살이
너무 따뜻하더라고
눈물이 날 것만 같았어
난 무엇을 놓쳤던 걸까

한없이 어두웠던
나의 방 저 너머에도
손 내미는 누군가 있었죠
멈춰버린 내 마음
흔들어 준 사람들
이젠 내가 해 줄 수 있는 말

혹시 괜찮다면 물어봐도 될까요
그대는 어떤 것을 제일 좋아했나요
그때 그날에 어떤 일이 또 있었나요
말하기 싫다면 지금 안 해도 괜찮아요

혹시 괜찮다면 물어봐도 될까요
그대는 어떤 말이 제일 괴로웠나요
그때 그날에 혼자 어떻게 버텼나요
아무도 모르게 묵묵히 노력해 왔네요
밖에 나와 보니 햇살이 너무 따뜻하더라고

'햇살이 너무 따뜻하더라고'라는 가사에 은둔에서 벗어나고픈 그들의 간절한 소망이 담긴 것 같아서 마음이 많이 아프다. 그와 동시에 지금 은둔을 겪고 있는 청년들이 그 햇살을 같이 경험했으면 좋겠다는 바람을 가져 보게 된다.

이제는 그들의 이야기를 통해 공통적으로 경험된 본질적 주제와 그것에서 드러나는 이야기들이다.

8. 가족 간의 갈등

필자가 은둔을 경험한 청년들을 만나면서 먼저 던진 질문은 그들의 초기 기억에 대한 것이었다. 초기 기억을 질문하는 이유는 필자의 경험상 그들의 초기 기억을 이해하는 것이 현재의 현상을 이해하는 데에 많은 도움이 되기 때문이었다. 은둔을 경험한 청년들이 초기 기억을 이야기하는 과정에서 그들의 가족에 관한 이야기를 들을 수 있었다. 우리가 태어나면서부터 가장 많은 영향을 주고받을 수 있는 곳은 가정이며 처음 만나게 되는 대상이 대부분은 부모이다. 부모는 자녀에게 좋은 것을 주기 위해 노력하지만 표현과 경험의 부족으로 자녀에게 좋지 않은 영향을 끼치는 부모가 있다는 것을 신문 기사나 방송을 통해서 보고 들을 수 있다.

현대 사회의 부모는 가족의 형태가 대가족의 전통사회에서 점차 핵가족화되면서 대가족의 형태에서 얻을 수 있었던 어른으로부터의 배움의 기회가 적어진다. 이러한 상황은 부모에게 배움을 제공할 롤모델이 없다는 것을 의미하고 결과적으로 부모로서 많은 시행착오를 겪을 수 있다는 것을 말해 준다. 이로 인해 가족 간의 사랑을 표현하는 방식이 왜곡되기 쉽고 사랑을 표현하는 것에 서툴기도 해서 서로에게 부정적인 영향을 주기도 한다. 은둔을 경험한 청년들도 가족으로부터 받은 상처를 호소하고 있었다.

은둔을 경험한 청년들과의 만남을 통해 알게 된 첫 번째 본질적 주제인 '가족 간의 갈등'에서는 그들을 힘들게 했던 가족의 이야기가 주를 이루었다. 그들은 애써 좋은 기억을 해 보려고 노력해 보지만 자신들에게 신체 혹은 언어 폭력을 행사하거나 그들의 뜻대로 움직이기를 원하는 부모를 기억했다. 심지어 일부 부모들은 이미 정해진 답을 가지고 있었고 그 답이 정답이니 그 답을 따라야 한다고 강요한다.

가부장적 전통의 흔적인지 가정의 경제는 아버지가 모두 감당해야 하는 것이라고 여기는 아버지도 있었다. 그래서 경제적인 여건이 어려워지면 자신이 가장으로의 역할을 제대로 하고 있지 못한다고 여기고 폭력적인 성향을 나타내는 것을 볼 수 있었다. 이러한 상황으로 보았을 때 은둔형 외톨이의 발생 배경으로 우리나라 경제를 흔들었던 IMF의 영향을 간과할 수 없는 것으로 보인다. 이러한 아버지의 폭력성 앞에서 대부분의 어머니는 적극적으로 대처하기보다는 회피, 또는 무시하는 대응을 보여 주고 있다.

그런 부모와의 관계 속에서 형제와의 불화가 발생하기도 한다. 은둔 경험 청년 중 몇몇은 형제들이 같이 은둔 상태에 있기도 했다. 서로를 보면서 자기 모습을 상대방의 모습으로 투사하면서 상처를 주는 일을 서슴없이 하기도 한다. 결국은 함께 거주하지 못하고 집을 나와서 살고 있기도 했다. 물론 그들에게 도움을 주어서 은둔으로부터 나올 수 있도록 도움을 준 형제가 있기도 하다.

처음부터 초기 기억이라는 무겁다면 무거울 수 있는 질문에 대답하기가 어색하고 어려울 것이라는 예상과는 달리 그들은 자신의 이야기를 더하거나 빼지 않고 잘 표현해 주었다. 필자가 관계의 측면을 고려하면서 인터뷰를 진행하였고, 질의응답은 그들이 가지고 있는 불안을 인정하면서 진행되었기에 자신의 이야기를 잘할 수 있게 된 것이라 본다. 인터뷰를 마치고는 힘들었던 감정이 해소됨을 경험하게 되었다고 말하기도 했었고, 자신의 고민을 말하는 경우까지 있었다. 첫 번째 주제에서 드러난 이야기는 〈아버지의 폭력 성향〉 〈이해 불가 부모님〉 〈형제와의 갈등〉 〈경제적인 문제들〉이다.

1) 아버지의 폭력 성향

은둔 경험 청년들이 어린 시절의 기억에서 힘들었던 것으로 꼽는 것은 그들을 가장 가까이에서 보호하고 사랑해 주어야 할 부모가 그들을 무기력하게 하고 힘들게 한 것이었다.

부모 모두와 친하지 않았다는 혜원은 초등학교 때 학교를 빼먹고 심심해서 도서관에 가곤 했는데 어머니는 도서관에 함께 따라가 주면서 어느 정도 친해졌다. 지금도 친하지 않은 아버지는 어린 시절 자신에게 종종 폭력을 행사했다. 그런 폭력적인 상황에서 자신을 지켜 내지 못했다고 생각하는 혜원은 폭행당하고 있는 자신을 상상하면서 울기도 하고 치유를 위해 노력하고 있었다. 자신이 아버지의 폭력으로 인해 무기력해졌다고 느끼고 있었기 때문이다. 그렇지만 아버지가 자신의 무기력을 해결해 줄 수 없다는 것을 알고 있다. 그렇다면 자신의 무기력은 자신이 해결해야 할 문제이다. 이를 해결하기 위해서는 폭력을 겪어야 했던 자신에 대해 측은지심을 가지면서 자신을 위해 울어 주어야 한다고 여기고 있었다.

인수는 지금은 아버지를 아버지라고 부르지도 않는다. 자신이 일찍 독립하지 못한 것을 후회하고 있었다. 지금은 더 일찍부터 혼자 사는 것이 오히려 자신의 성향에 맞았을지 모른다고 생각하기 때문이다. 독립하지 못하고 있었던 당시는 버텨야 한다는 생각에 고등학교 3학년이 될 때까지 집에 있었는데 그 시간이 자신에게는 고통의 시간이었음을 깨닫는다. 그렇게 버티지 말고 미리 집에서 나왔다면 오히려 지금보다 좀 더 나았을 것이라고 생각한다. 어떻게든 버텨야지 생각했던 이유는 아버지가 변할 수 있을 것이라는 기대감이 있었기 때문이었는데, 결국 사람은 안 변한다는 것을 알게 되었다. 인수의 아버지는 화가 많고 다혈질이다. 그는 자신의 아버지를 한마디로 꼰대라고 하며 그렇게 심한 사람은 처음 봤다고 말한다. 그의 아버지는 어머니와 많이 싸우셨고, 그가 물건을 부수거나 부적절한 행동을 하면 어머니는 마지못해 아버지의 편을 들면서 네가 이해하라고 말했다고 한다. 두 분 사이도 안 좋았지만 인수와 어머니도 그리 잘 소통된다고 생각되지 않는다.

정희 역시 아버지에 대한 기억이 좋지 않다. 초등학생 때 길을 가다가 우연히 만난 아버지가 반가워서 인사했지만, 아버지가 자신을 아는 척하지 않았던 것을 기억한다. 그렇게 아버지와 좋지 않은 감정들이 쌓여 가다가 어느 순간 그가 너무 싫어졌는데 그 싫은 정도가 목소리조차도 듣기 싫은 것이었다. 나중에는 아버지와 떨어져서 어머니와 함께 다른 집에 살기도 했었다. 정희는 셰어하우스에서 지내다 나와서 혼자 살고 있지만 부모는 아직도 따로 산다고 한다. 아버지가 항상 공포 분위기를 조성하고, 소리를 많이 지른 기억이 있어서인지 지금도 남자들이 고함을 치고 욕하는 것을 듣는 것이 무섭

다. 그나마 어머니는 아버지가 정희에게 소리치고 핸드폰 등을 던지
는 것과 같은 폭력을 행사하는 것을 막아 주셨다. 정희는 자신이 은
둔을 하게 된 것이 아버지의 폭력 때문이라고 단정적으로 말한다.
은둔을 시작할 중학교 무렵부터 아버지에 대한 적대감이 더욱 심해
졌고, 지금도 아버지는 아예 보지 않는다.

　사라는 성장 과정에서 가정폭력이 있었다고 말을 꺼낸다. 지금은
가족관계가 많이 회복되었지만 5년 전까지만 해도 아버지로부터의
이유 없는 언어적·신체적 폭력이 있었으며, 그것을 어머니는 방관
했다. 여기서 어머니의 회피 성향이 드러나고 있다. 어느 날 아버지
에게 맞고 있을 때 어머니가 방문 밖에 누워 있는 모습을 본 적도 있
다. 안쓰러운 점은 그 순간에 사라에게 든 생각이 자신은 맞고 있지
만, 어머니가 안 맞아서 다행이라는 것이었다. 다행이라 애써 생각
했지만 사라는 맞고 있는 자신의 상황을 회피하는 어머니로부터 상
처를 받았을 것이다. 이런 어머니의 외면은 안정감을 받아야 할 대
상으로부터 오히려 상처를 받게 했다. 이러한 경험은 타인과의 관계
에도 영향을 미치게 된다. 사라는 지금도 어린 시절을 생각하면 좋
았던 기억이 하나도 없다고 말한다. 자신이 맞았던 이유는 뭐 대단
한 것도 아니고 습관적으로 맞았다는 느낌이 들 정도다. 단순히 구
구단을 못 외운다든지, 청소를 안 했다든지, 설거지를 안 해 놨다든
지 하는 이유로 맞기도 했고, 심지어 이유 없이 맞기도 했다. 중학교
입학을 앞둔 어느 날, 사라는 교복을 사러 갔는데 사라가 살이 좀 찐
편이라 맞는 옷이 없었다. 그런 사실만으로도 아버지는 사라에게 짜
증을 내면서 화를 내기도 했다.

　안 좋았던 아버지에 대한 기억을 말하면서 좋았던 아버지의 기억
도 함께 떠올려 보려 노력했던 재진은 화난 아버지의 눈빛이 너무

무서웠다고 표현한다. 그는 아버지의 예상할 수 없는 분노의 표출을 어떻게 대응해야 할지 혼란스러웠다. 벌벌 떠는 정도는 아니었다고 말하고 있지만 어쩌면 그 이상의 영향을 받았을지 모른다. 재진이 애써 아버지를 이해하고 싶어 하는 것이 느껴졌다. 항상 안 좋았던 것은 아니었다는 표현을 쓰는 것을 보면서 아버지를 이해해야만 한다고 믿고 있는 것인지 모르겠다. 재진은 아버지가 항상 열심히 일했지만 술을 마시면 화를 내고 그때 화난 아버지의 모습이 많이 무서웠다고 한다. 한 번 맞은 것 같긴 한데 그것도 잘 기억해 내지 못했다. 아마도 너무 무서운 나머지 해리된 것으로 느껴진다.

인터뷰의 처음은 초기 기억을 회상하는 것에 집중되었다. 대부분의 은둔 경험 청년은 아버지의 폭력적 성향이 그들에게 어떤 영향을 주었는지를 이야기하고 있다.

2) 이해 불가 부모님

부모를 이해할 수가 없었다. 말 그대로 이해 불가인 부모였다. 그래도 이해하려고 노력했고, 시간이 지나면 달라질 것이라 애써 위로하며 기다려 보기도 했다.

윤재의 부모는 두 분이 각각 원하는 것이 달랐음에도 자녀들이 자신들의 말을 따라야만 만족하는 사람이었다고 표현한다. 그래서 힘들었으나 자신도 그런 부모를 따르려고 노력한 결과 무력감만을 느꼈다. 특히 부모는 윤재의 고등학교 전후에 많이 싸웠는데 아버지가 술에 취한 날은 어머니를 힘들게 하는 일이 많았다. 그것을 보면서 윤재는 이해가 되지 않았고 자신을 의식하지도 배려하지도 않는 그들의 모습에 짜증을 느끼기도 한다. 그래서 형들에게 그 상황을 이야기하면 그런 상황을 힘들어하는 윤재를 이해해 주기보다는 그런 방식으로 살아온 부모를 어찌할 수 있겠냐며 그들이 변하겠냐는 말을 들어야 했다. 이런 말을 듣게 되면서 윤재는 자신이 무기력해 지는 것을 느끼게 되었다.

윤재는 스물세 살까지는 부모를 이해할 수는 없었으나 부모의 말에 순종했다고 한다. 스물세 살이 되도록 그들의 말을 군더더기 없이 따랐다. 대학생이 되어서야 윤재는 자신이 원하는 전공을 선택하지 않았음을 발견하게 된다. 더는 원치 않는 공부를 할 자신이 없었던 그는 학교를 자퇴하게 된다.

은서는 부모에게 반항한 자신을 이야기한다. 부모는 은서가 잘못된 행동을 했을 때 덮어 주기는커녕 오히려 온 동네에 다니며 알렸다. 은서는 부모가 자신의 잘못을 다 알리고 다니는 이유가 궁금했다. 은서에게 문제가 생기면 은서의 부모는 친구들에게 자신과 놀지 말라고 일일이 전화를 했다. 그런 이야기를 전해 들은 은서는 처음에는 분노했다. 소리를 질러 보기도 하고 부모에 맞서 물리적인 행사를 하면서까지 그들을 멈춰 보려고 애썼다. 그와 같은 은서의 노력의 결과로 돌아오는 것은 더 심한 물리적·언어적 폭력이었다. 어려서부터 부모를 좋아할 수 없었고, 부모의 요구에 순응하는 언니와는 달리 반항을 많이 해서 트러블이 많이 생기기도 했다. 은서가 심하게 반항을 한 이유는 그렇게 하면 부모가 좀 바뀔 수도 있지 않을까라는 기대가 있었기 때문이라고 한다.

초희는 자신에 대해 너무 기대가 많은 아버지로부터 기대에 부응하도록 요구되는 삶을 살았다. 그런 기대감으로 아버지는 초희에게 욕을 하거나 다른 사람과 비교하면서 그를 힘들게 했다. 한번 시작되면 밤새도록 자신이 못하거나 실수한 것들을 끄집어내어 욕설을 퍼붓는다. 심지어는 아주 어릴 때 했었던 실수까지 꺼내서 줄줄 말한다. 초희는 끊임없는 다른 사람들과의 비교와 실수에 대한 말들로 자존감에 많은 상처를 입게 되었다. 그런 것들로 초희를 괴롭히는 아버지는 그녀가 게으르고 의지 없고, 그래서 학교도 안 가고 있다는 말로 결론을 맺었다. 이런 말을 들어야 했던 초희는 한없이 작아지고 초라한 느낌이 들었다.

이처럼 말이 안 되는 일을 겪어야 했던 것은 아버지가 이루고 싶었던 것을 못 이룬 것에 대한 보상심리의 결과였다는 것을 나중에 알게 된다. 아버지는 체면을 엄청 중요하게 생각하는 분이었고, 초희에게 요구하는 것들이 사실은 자신이 하고 싶었는데 못했던 것들이었다. 초희의 할아버지가 아버지에게 기대했던 것들을 이루어 내지 못한 것에 대한 보상심리가 작용하지 않았을까 하는 생각이 든다고 한다. 자신에게는 화를 내고 요구사항이 많았던 아버지지만 다른 사람들에게는 자신의 잘한 것에 대해 그녀가 얼마나 똑똑하고 잘하고 있는지를 자랑하고 다니신 것을 나중에 알게 되면서 자신에 대한 아버지의 언어폭력이 그의 보상심리에서 비롯된 것임을 깨닫게 되었다.

부모의 잘못된 기대가 어떻게 자녀를 힘들게 하는지를 보여 주고 있는 또 다른 경우가 있다. 서원은 한국에서도 아주 잘 적응하고 지낸 것은 아니지만 부모를 따라서 미국에 가게 되며 적응에 큰 어려움을 겪게 된다. 자녀에게 미국생활이 좋을 것이라는 부모의 일방적인 생각이 그를 힘들게 한 것이다. 미국 내에서 잦은 이사를 하게 되면서 학교 적응은 더욱 힘들어진다. 한국에서는 어머니와의 관계가 괜찮았다. 그런데 미국에서 학교생활을 하면서 한국에 진짜 가고 싶다고 말을 하면 부모는 자신의 말에 대응하지 않았다. 미국에서 지내는 것이 서원이를 위하는 것이라고 생각한 것이 그 이유였다. 미

국에서 대학을 나오게 되면 서원이에게 좋을 것이라는 부모의 생각
이 있었던 것이다. 그럼에도 서원이는 미국의 학교에서 왕따를 당한
다. 참고 참다가 자신이 더 이상 버틸 수 없으니 한국에 가야겠다고
강력하게 이야기를 했는데도 받아들여지지 않았다.

부모에 대한 이해 불가에는 부모와 다른 기준으로 인한 것도 있
다. 은서는 중학생 때 동성애를 하게 된다. 온전히 자신의 편이 되어
준 애인에 대한 부모의 반응은 너무 심한 것이었다. 물론 애인 부모
의 반응도 부적절하였지만 그래도 그들의 반응은 그들의 자녀를 보
호해 주기 위한 것이었다. 그에 반해, 은서의 부모는 그런 상황을 종
료시키기 위해서 은서를 정신병원에 입원시키기까지 했다. 그러면
서 친구들에게는 일일이 전화해서 은서와 놀지 말라고 하기도 한다.
물론 부모의 종교는 기독교이기 때문에 그들의 기준에 맞지 않았다
는 것은 이해한다. 그렇더라도 이러한 상황을 집안에서 해결을 하면
되는 것인데 부모는 그것을 외부로 알렸다. 은서가 하는 행동이 얼
마나 잘못하는 것인지를 많이 알리려고 했다. 이러한 일련의 상황을
겪으면서 은서는 대인기피증이 생기게 된다.

이렇게 그들은 부모로부터 상처받았다. 그들은 부모를 바꾸려 하
는 대신에 멈췄다. 더는 아무것도 할 수 없었다. 학교 다니는 것을 멈
추고 생각을 멈추고 공부하던 것을 멈추었다. 부모의 역할은 자녀에
게 긍정적인 자기대상이 되어 주는 것이어야 한다. 자녀는 그런 부모
를 보면서 안정감을 느끼고 자존감이 높은 존재로 성장하게 된다. 이
러한 부모의 부재는 이들에게 관계의 불안을 느끼게 한다. 이처럼 이
해할 수 없었던 부모는 그들이 은둔할 수밖에 없던 이유가 되었다.

3) 형제와의 갈등

혜원은 오빠와의 갈등으로 집에서 독립해서 혼자 살고 있다. 아버지의 폭력으로 인해 힘들어하던 혜원에게 이제는 오빠가 그런 폭력을 행사한 것이다. 더는 참을 수 없었던 혜원은 부모의 허락하에 집에서 나오게 된다. 혜원이는 오빠와 세 살 차이가 난다. 초등학교 5, 6학년 때쯤에 컴퓨터를 사용하다가 의도치 않게 컴퓨터의 성능이 안 좋아진 적이 있었다. 그때 오빠는 컴퓨터가 안 좋아진 것이 혜원이 때문이라 오해하고 발로 밟았던 적이 있다. 그런데 한참 시간이 지난 후에 혜원이가 그 기억이 갑자기 떠오르면서 화가 났는데 아마도 티가 났었나 보다. 오빠가 혜원이에게서 화가 나는 것이 느껴지니까 혜원이에게 시비를 걸게 되었고, 처음에는 말로 싸우다가 신체적 폭력까지 가게 되었다.

혜원에게 이런 행동을 한 오빠는 인터넷 방송을 진행하는 일을 하고 싶어 했는데 어머니가 막으셔서 자신의 꿈을 못 이뤘다고 한다. 오빠는 어머니가 막지 않았다면 자신이 잘 될 수 있을 것이었으니 어머니에게 자신의 인생을 책임지라고 하면서 아무것도 안 하고 있다. 그런 오빠가 혜원에게 백수라느니 식충이라느니 하면서 독설을 뿜어낸다. 그러한 독설은 쉽게 혜원이의 마음에서 없어지지 않는다. 그것은 아마도 자신도 그렇게 느끼고 있기 때문일 것이고, 그 말은 오빠의 마음을 혜원이에게 투사한 것이기도 해서 서로에게 힘든 일이 된다. 그런 마음을 없애기 위해 아픈 마음을 알아차리고 자신의 감정을 해소하기 위해 글로 써서 해소하려 하지만 잘 없어지지 않는다. 이 일을 계기로 부모의 동의하에 집을 나와서 혼자 살고 있다.

은서의 경우는 언니가 있는데 언니는 지금도 은둔 중이다. 은서는

외로움을 심하게 타는 편이어서 주변에 사람이 없으면 큰일 날 것
같은 마음에 언니에게 집착했다. 연락을 자주하면서 힘들다고 호소
하였으나 언니도 건강한 상태가 아니었으므로 서로에게 상처를 더
주게 될 뿐이었다. 그런 언니는 최근에서야 자신이 은둔을 하고 있
음을 인정하고 있다. 그러니 언니에게 의지하였던 것은 힘든 상황을
자초한 일이었던 것이다.

가장 가까이 있는 가족이 서로 돕고 위로해도 힘든 상황인데 이
경우 가족은 오히려 그들을 힘들게 했다. 은서는 은둔에서 나오려다
가 실패한 경험이 있는데 그때의 원인이 언니였다고 한다. 한때 병
원에 다니면서 약도 먹고 상담도 받으면서 좋아진 적이 있었다. 그
러나 언니와 이야기를 하다가 논쟁으로 가게 되면서 서로 막말을 많
이 하다가 다시 은둔으로 들어가게 되었다.

서로 상처를 준 것이긴 하지만 둘 다 아프다 보니 조절을 잘 못했
었다고 후회를 하기도 한다. 하지만 언니의 심한 말이 아직도 생각
이 나고 이것이 자신을 힘들게 한다. 한번은 자신이 자살하고 싶다
고 말을 한 적이 있는데 언니는 거기서 죽으면 집주인에게 민폐니
거기서 죽지 말라고 말했다. 은서는 어릴 때부터 자신이 태어나면
안 되는 사람이었는데 태어나서 이렇게 고생을 하고 있다거나 또는
뭔가 세상이 나보고 살지 말라고 하는 것 같다 같은 생각을 많이 했
는데 그런 잘못된 생각을 언니가 부추기고 있었다.

은서는 계속해서 잘못된 확신을 주는 언니를 보면서 언니의 잘못
이라고 생각하면서도 점차로 무기력한 사람이 되어 가고 있는 자신
을 느끼게 된다. 언니의 말대로라면 은서는 다른 사람에게 민폐를
끼칠 뿐더러 행복하면 안 되는 사람이라는 것인데, 언니의 이런 메
시지를 계속 들으면 안 되겠다고 느끼게 되어 연락을 끊었다. 그러

다가 다시 언니를 찾게 되고 이러한 상황을 거듭하다가 관계는 더욱
악화되고, 결국은 연락을 완전히 끊게 되었다. 거의 1년간 완전히 혼
자였고, 가족 모두와 연락을 단절하고 밖에도 못 나가고 완전 고립
을 경험한 적이 있다.

4) 경제적인 문제들

아버지의 폭력 성향과 연관되어 있는 경제적인 문제도 있다. 특히
1997년에 있었던 IMF의 영향을 무시할 수 없다. 집안 형편이 어려워
지면서 아버지가 폭력적인 가장이 된 경우가 있었고 어머니는 가정
의 경제 상황을 고려하다가 일을 하려고 집을 떠나기도 한다. 초희
의 아버지는 IMF를 겪으면서 사업이 망했다. 그래서 이사를 자주 다
녀야 했다. 초희는 초등학교 친구들을 사귀지 못 할 정도로 이사를
자주 다녔고 점점 남쪽으로 내려가게 되었다. 당연히 학교에는 적응
을 잘 하지 못했다. 초희의 아버지는 원래의 성격도 불같은 성격이
었는데 사업으로 인해 큰 빚을 지게 되면서 많이 때리고 욕설을 퍼
붓는 등 가정폭력이 시작되었다. 그러면서 아버지와의 관계는 최악
이 된다.

인수도 경제적으로 힘들어지기 전의 기억은 그다지 나쁘지 않다.
유치원 때는 한동네에 같이 살던 가정과 함께 재미있는 시간을 보냈
던 기억이 있다. 인수가 기억하는 가정의 형편은 초등학교에서 중학
교로 넘어가면서 경제적으로 많이 안 좋아진 것이다. 자신의 아버
지가 성격이 변한 것에는 나빠진 경제 상황이 영향을 주었을 것이라
본다. 그런 상황으로 인해 인수는 불안을 느끼고 우울감이 깊어지게
되었다. 마음을 나눌 형제도 없는 외동이다 보니 혼자서 계속 우울

해하고 불안해하며 그렇게 지냈다. 너무 혼자라는 사실이 우울했었고, 학교에서도 친구는 두세 명 정도밖에 없었던 기억이 있다.

정희는 어머니가 1년 동안 사라진 시기가 있었다. 갑자기 어머니가 집을 떠나신 이후로 연락할 수도 만날 수도 없었다. 어머니라는 가장 가까이에서 정희를 돌봐야 할 대상을 상실한 것이다. 이러한 대상의 상실은 정희에게 어머니로부터 버려졌다는 불안을 가중시켰을 것이다. 정희의 어머니가 사라진 시기도 IMF 시기였다. 당시 정희는 초등학교 입학 전이었는데 어머니가 갑자기 자신을 떠나 버린 것이다. 아무런 설명도 없이 말이다. 얼마 있다가 아버지도 자신을 외할머니에게 맡기고 돈을 벌러 간 것 같았다고 말한다. 정희는 외할머니 댁에서 지내게 되었는데 거기에서 동네 친구들에게 따돌림을 당하기도 하고 왼손으로 그림을 그리다가 어른들한테 꾸중을 듣기도 한다. 그때의 괴로운 기억이 지금도 너무 생생하다.

아버지가 하던 사업이 어려워지면서 윤후의 가정의 경제 상황은 살고 있는 집의 관리비를 내지 못할 정도로 어려워진다. 아버지는 사업을 하고 있었는데 사업체가 있던 곳의 땅주인이 나가라고 하면서 경제 상황이 어려워지게 되었다. 생활비를 제때 못 갖다 주니까 부모님이 싸우는 일이 많아지게 되었고, 관리비가 감당이 안 될 정도로 형편이 어려워지니까 두 분이 별거를 하게 되었다. 윤후는 경제적인 요인만으로 부모님이 별거했다고 생각할 수는 없으나 상당히 영향을 끼쳤을 거라고 말한다.

9. 감당하기 힘들었던 일

두 번째는 '감당하기 힘들었던 일'이라는 주제를 가지고 청년들의 경험의 의미를 생각해 보았다. 그들의 경험을 통해 알게 된 감당하기 힘들었던 어려움에 관한 이야기다. 주로 학교생활에 관한 이야기이다. 이는 관계의 어려움에 관한 내용인데 학교폭력으로 왕따를 경험하기도 하였고 신체 폭력을 경험하기도 하면서 어려움을 겪게 되었다는 것이다. 왕따의 경험으로 인해 자존감이 낮아지기도 하고 남을 너무 의식하다가 결국은 어떻게 지내는 것이 잘 지내는 방법인지를 모르게 된다.

이러한 관계에서의 실망감으로 친구들과의 연락을 단절하기도 한다. 한편으로는 자신의 모습을 감추고 잘 살아남고자 노력을 해 보기도 하지만 인간관계는 더 어려워지고 오히려 사람을 피하게 되는 경우도 생긴다. 이러한 실망감과 무력감이 자신의 존재 의미마저도 작게 느껴지게 되었고 초라하게 만드는 것을 경험했다고 청년들은 말한다.

그들은 여러 가지 관계의 어려움을 겪으며 생긴 부작용으로 심리적인 어려움을 호소하고 있다. 우울증의 심화가 등교 거부로 이어지기도 한다. 또 자기 치유를 위해 울다가 다른 사람으로부터 핀잔을 듣기도 한다. 어떻게든지 살아보려고 고군분투하다가 결국은 아무것도 이루지 못한 것을 깨달으면서 모든 것을 포기하게 된다. 포기와 동시에 조용해지는 세상을 경험하며 무력감을 느끼게 되고 우울증이 찾아오게 된다. 두 번째 주제에서 드러난 이야기는 〈학교폭력 경험〉〈친구와의 어려운 관계〉〈심리적 어려움〉이다.

1) 학교폭력 경험

사라는 어린 시절을 이야기하면서 좋았던 기억은 하나도 없었다고 한다. 오히려 아버지가 자신이 구구단을 못 외운다는 이유로 아무도 없는 가게에 가두고 불을 꺼 버린 일을 기억하고, 중학교 때 겪었던 따돌림의 경험에 대해 말한다. 사라는 중학교 때는 왕따를 당했고, 고등학교 때는 언어적·신체적인 폭력을 당했다. 중학교 때는 밥을 혼자 먹는 것이 무서워서 그냥 굶고 다니기도 했다. 함께 시간을 보내 줄 친구가 없었을 뿐 아니라 수업 중에 친구와 짝을 맺고 활동해야 할 때는 담당 선생님이 짝이 되어주시곤 했었다. 중학생 시절을 그렇게 지내던 사라는 고등학교에 진학하게 되었다. 고등학교 1학년 때는 그런대로 괜찮았는데 2학년부터 우수반에 들어가게 되면서 학교폭력을 당하게 된다. 배정받은 우수반은 2학년뿐만 아니라 3학년까지 같이 지내야 했기 때문에 지속적인 폭력을 당하게 된다.

그때의 폭력은 사라는 가만히 있는데 갑자기 바지를 벗긴다거나 자신의 중요한 부분을 발로 찬다거나 아니면 식판에 밥을 들고 있으면 그걸 엎어 버린다거나 하는 등의 여러 가지 행태로 저질러졌다. 그녀의 물건들을 2층 교실에서 교실 밖의 연못에 다 던져 버린다거나, 옷이나 책상에 낙서를 하고, 또 뺨을 막 때리고 하면서 말이다. 자신의 뺨을 때리면서 그들은 계속 웃고 있었다. 지금도 그들을 생각하면 웃고 있는 모습이 생각나기도 한다. 맞고 있는 사라에게 웃어 보라는 요구를 하기도 했다. 화장실로 도망가면 쫓아오고, 울고 있으면 더 울라고 하면서 휴지를 던지고, 또 과자를 화장실 바닥에 던지고는 그것을 주워 먹으라고 하기도 했다. 그런데 아이러니는 그런 일을 당해도 집보다는 학교가 더 좋았다고 한다. 집보다 그런 학교가 더 좋다니 이해가 되지 않는다. 집보다는 학교가 더 좋다는 이유를 들어 보니 자신과 상관이 없는 사람이 자신을 때리고 괴롭히는 것은 그래도 참을 수 있겠는데 자기를 보호해 주어야 할 부모가 그런다는 것이 너무 고통스러웠다고 한다. 사라가 학교폭력을 당하고 다닌다는 사실을 아버지가 알게 되어도 창피하게 그렇게 당하냐는 말과 맞을만 하니까 맞는 것이라고 말을 들어야 했다.

혜원은 중·고등학교 때 왕따 경험으로 힘들었다. 다른 애들은 다 잘 어울려 지내는데 자신만 덩그러니 있는 모습을 견디기 힘들었다. 혼자 있는 것이 자존심도 상하고 남이 어떻게 볼까 신경이 쓰이기도 했다. 그러면서 마음이 긴장되기도 했는데 지금 생각해 보면 10점이 만점이라 했을 때 9점 정도로 긴장감이 높고 불편했다. 그래서 화장실에 피신해서 있기도 했다. 오히려 화장실에 있으니 마음이 놓였는데 이유는 자신이 혼자 있는 모습을 타인에게 보여 주지 않을 수 있어서였다고 한다. 그렇게 중학교 1년을 보내고 2학년 때는 어찌하다가 겨우 친구를 사귀었는데 다시 어려워진 것은 고등학교 1학년 때이다. 그때는 자신이 친구들과 잘 지낼 수도 있었는데 웬일인지 어떻게 친해져야 하는지 모르겠어서 그러기도 했고, 그렇게까지 친해지는 노력을 해야 하는 것도 싫어서 혼자 지내게 되었다.

서원이는 미국에 가기 전에도 학교에서 친구를 사귀기가 쉽지는 않았다. 그래도 어느 정도 시간이 지나면서 친구를 사귀게 되고 같이 밥도 먹고 집에도 같이 가기도 했다. 서원이는 중학교 3학년 때 아버지가 다니던 직장에서 미국의 주재원으로 가게 되면서 가족과 함께 미국으로 가게 되었다. 미국에서의 학교생활은 교우관계가 너무 힘들었고, 친구를 잘 사귀지 못하고 왕따로 지내게 된다. 미국 내

에서도 이사를 여러 번 하게 되었다. 적응할 만하면 다른 곳으로 이
사를 가야 해서 적응이 더 힘들었을지도 모르겠다. 처음에는 그래도
버틸 만했는데 언젠가부터는 더 이상 못 버티겠다 싶어서 한국으로
돌아가겠다고 부모에게 말을 하면 너 혼자 가라는 식으로 말하고 그
냥 못 가게 막았다. 그러다 대학에 진학하게 되었고, 그곳에서도 대
인관계의 어려움을 겪게 되었다. 우울증이 심해져 휴학을 하게 되면
서 그 기간에 혼자서 한국에 나와 있게 된다. 미국에서의 왕따의 경
험으로 서원이를 미국으로 오게 한 장본인인 부모와의 불화가 시작
되었고, 이는 대학교에 진학하면서는 학업을 계속하기 힘들 정도의
우울증으로 발전한다.

2) 친구와의 어려운 관계

관계의 시작은 가족과의 관계에서 비롯된다. 가정에서 맺게 된 관
계는 미래의 관계에 영향을 주기도 한다. 가족과 잘 맺지 못한 관계
가 결국은 타인과의 관계에도 영향을 주게 된다. 가족은 하나의 시
스템처럼 다른 것들과 상호적인 반응을 하면서 유지해 나간다.

혜원은 부모와의 대화 부족이 또래 친구들과의 관계에 영향을 주
었다. 부모와 대화를 잘 안 하니까 혜원이는 또래의 친구들과도 어
떻게 친해지고 대화하는지를 잘 몰랐고 그러니 친해질 수 없었다.
그래도 초등학교 때 어쩌다 친해진 친구가 있었는데 하나의 사건으
로 멀어지게 되었다. 초등학교 2학년 때의 일인데 혜원이가 잘 지내
고 있었던 친구들의 그룹이 있었다. 왜 그랬는지 그 그룹이 아닌 다
른 친구들이랑 잘 지내고 싶다는 생각을 하게 되면서 원래의 그룹에
서 나오게 된다. 그러다 결국은 다른 그룹에도 들어갈 수 없게 되면

서 혼자가 되어 버린 적이 있다. 이 일을 생각해 보면 자신이 잘 지내는 방법을 몰랐던 것 같기도 하지만 혼자가 되어 버린 상황이 이해가 되지도 않는다.

친구들을 어떻게 대해야 하는지 알 수 없어서 친해진 친구들에게 대응을 잘 못하고 혜원이는 혼자가 되었다. 무엇이 자신에게 부족한지를 깨닫지 못하고 상황을 이해하지 못하게 되자 친구들과 점점 멀어지게 되면서 학교에 가는 일이 힘들어지게 된다. 결국은 그런 경험이 반복되면서 학교 가기를 싫어하게 되었다. 어렵게 사귀게 된 학교 친구와의 관계도 만족스럽지 않고 친밀하다고 느껴지지 않아서 학교에 안 나갔다. 그러한 상황이 그 친구를 힘들게 했는지 다시 학교에서 만났을 때의 그 친구의 태도가 우호적이지 않았다. 그 이유는 혜원이가 학교에 안 나가고 있을 때 그 친구가 왜 안 오냐고 문자를 보낸 적이 있는데 자신의 대응이 적절치 않았기 때문일 것이다.

인수는 친구에게 선의를 베푼 것으로 인해 오히려 배신감을 느끼게 된다. 온라인으로 게임을 하다가 일어난 일이었는데 게임 아이템을 주고받는 과정에서 인수를 속이고 자신을 험담하는 친구와 더 이상의 관계는 무의미하다는 결론을 내리면서 친구들을 끊어 내게 된다. 그러면서 온라인으로 만난 사람들과만 관계를 맺으며 산다. 자신을 속인 친구는 인수에게 게임 관련하여 부탁을 하게 되었고, 그 부탁을 들어주었는데 그 일이 오히려 안 좋게 되어서 연락이 끊겼다. 친구가 부탁한 일은 게임 아이템에 관련된 일이었다. 게임 아이템을 주고받는 과정에서 친구가 인수를 속이게 되었다. 그럼에도 그 친구가 오히려 다른 친구들에게 인수를 험담하고 다닌 것을 알게 되었고 인수는 너무 많은 실망을 하게 되었다. 그 후에 대학에 진학했다. 학교에 다닐 때는 동기들과 잘 지낸다고 생각했는데 졸업하고 나니 연락이 잘 되지 않았다. 그러면서 사람들과 만나지 않게 되었다. 그 후에는 여러 형태의 메신저에서 만난 사람들과 친해져서 게임도 하고 이야기도 하면서 지내게 된다.

은서는 자신의 원래 성격이 겁도 많고 걱정도 많은 약한 성격이라고 표현한다. 그렇지만 자신이 본래 가지고 있는 약한 성격이 드러나는 것은 원하지 않았다. 약해 보이는 것이 싫었기 때문이다. 약한 모습을 다른 사람들이 알게 된다면 왕따를 당하거나 힘들어질 수 있을 것인데 그러한 상황을 견디고 극복해 나갈 수 있을지 자신이 없었다. 그런 생각들을 하게 되니까 센 척을 하게 되었다.

윤후는 중·고등학교 때 친구들과 관계의 어려움을 겪었지만 애써 자신은 괜찮다고 여기며 지내 왔다. 심지어 중학교 때는 담임 선생님이 친구들과의 원만치 못한 관계를 눈치 채고 괜찮냐고 물어보실 때도 자신은 괜찮다고 말하면서 지냈다. 그러다 대학에 진학해서 코로나로 인해 비대면으로 수업을 할 때는 관계를 신경 쓸 필요가 없어서 괜찮았다. 그러다 대면 수업으로 바뀌면서 관계의 어려움으로 인해 학교에 다닐 수 없게 된다. 비대면으로 수업할 때는 그런대로 견디고 있었는데 대면으로 수업을 하려니까 자신이 공부에 흥미가 없다는 것을 발견하게 되었다. 안 그래도 인간관계가 힘든데 그러한 인간관계를 다시 해야 한다고 생각하니 너무 가기가 싫어졌다. 그러다 자퇴를 하게 되었다.

서원이는 친구들과의 관계로 어려움을 겪다가 회복되었다고 믿었다. 관계의 어려움을 극복하려는 의지로 심리치료를 받게 되었기 때문이다. 그렇게 좋아져서 다시 학교에 다니게 되었다. 그럼에도 친구들과 잘 지낼 수 있을까라는 불안감은 여전히 존재하고 있었다. 친구들과 지내면서도 혼자가 될까 봐 불안해졌고, 그러다가 걱정이 현실이 되었다. 당장 휴학하고 싶었지만 학기를 마쳐야 한다는 생각에 혼자 다니면서 버티게 된다. 그 학기를 마쳐야 전과를 할 수 있었기 때문이다. 자신이 이루려는 목적이 있기에 어떻게든지 버티어 본다. 한편으로는 따돌림 당한다는 느낌이 들었을 때 대처를 잘했으면 좋았을 것이라는 아쉬움이 있었다.

3) 심리적 어려움

은둔을 경험한 청년들의 가정 분위기는 대체로 자유롭지 못하고 억압을 느끼는 상황이다. 억압의 시간을 오래 견디다 보니 무엇인가 분출할 것이 필요했지만 찾을 수 없었고 찾았다고 해도 건강한 방법은 아니었다. 그런 시간이 쌓이다 보니 마음이 아픈 것을 스스로 인지하지 못하고 다른 방향으로 해소하려 노력해 보았지만 결국은 심리적인 어려움으로 나타나게 된다.

정희는 처음에는 게임으로 피했다. 잘 피하고 있는 줄 알았다. 하지만 게임중독은 등교 거부로 이어졌다. 그러한 상황이 사춘기 호르몬의 영향 때문이었다고 생각했으나 정신과에 내원하게 되면서 화병 진단을 받는다. 초등학교 시절에 정희는 공부를 잘하는 학생이었다. 1학년 때는 받아쓰기에서는 거의 만점을 받았고, 2학년 때에는 곱셈, 나눗셈 등을 잘했고, 4학년 때는 합창반에 들어갔고, 5학년 때는 합창대회에 나가서 금상을 받기도 했다. 그래서 자존감이 많이 올라갔다고 느꼈는데 4학년 때부터 등교 거부가 시작되었다.

등교 거부는 1년에 짧으면 며칠, 길면 일주일에서 한 달까지도 이어져 학교에 가지 않았는데 이유는 게임 중독이 심해서였다. 그리고 은둔으로 가게 된 것은 우울증이 심화되었는데 약을 꾸준히 먹지 않앗기 때문이다. 약을 거부하게 되면서 더 우울해지기도 해서 어느 날에는 등교를 거부해 버렸다. 어머니한테는 자퇴한다고 말하고 하루 종일 컴퓨터를 하며 지냈는데 어머니는 학교에 가야만 한다고 말은 했지만 자신을 이기지 못했다.

지금 생각해 보면 정희를 잘 챙겨 주지 못하는 것을 안쓰러워하고 있었던 것 같다. 어머니는 늘 맞벌이를 하셨는데 정희와 시간을 많이 보내지 못하는 것에 대해 미안함이 있었고, 그런 이유로 자신에게 강하게 학교에 가라고 하지 못했을 것이다. 그래서 결국은 은둔으로 들어가게 되었고, 게임에 빠져 살다 보니까 중독되었고, 그와 함께 분노도 심해졌다. 정희는 자신의 분노가 아버지에게서 온 것이었다는 것을 나중에 알게 된다. 자신도 억울한 상황을 경험하면서 뭔가를 말하고 싶고 행동하고 싶은데 아버지가 말이 안 통하고 폭력적으로 대하니까 무서워서 억눌려 있었다는 것이다.

혜원은 자신의 무기력을 부모님이 제공했는데 결국 그것을 자신이 극복해야 한다는 사실에 불만을 느낀다. 그래도 그 무기력감을 느낄 때는 자신을 위해 울어 준다. 상처받은 자기를 치유해야 하기 때문이다. 그러던 어느 날 운동 센터에서 운동을 하다가 힘들었던 자신의 처지를 생각하면서 치유를 위해 울고 있었다. 그것을 본 운동 센터 원장의 반응이 혜원을 다시 한 번 화나게 한다. 원장이 언제까지 그렇게 울고 있을 거냐는 말을 한 것이다. 그 말을 들은 혜원은 너무 섭섭함을 느낀다. 자기에게 뭐 해 준 것도 없는 사람이 자신에 대해 뭘 안다고 간섭을 하는지 이해가 되지 않았다. 그러면서 혜원은 자신을 위해서 울어 줄 사람이 자신 밖에 없기 때문에 그렇게 울어 주는 것이라 말하고 싶었고, 뭔 간섭이냐고 말하고 싶었지만 결국 말하지 못한다. 강하게 자신의 생각을 말하지 못한 것이 많이 속상하다.

서원은 대학을 다니다가 휴학하게 되면서 우울과 불안감을 느낀
다. 주변으로부터 자신에게 무엇인가를 하라는 압박을 계속 받았던
결과 불안이 심해진 것이다. 주위에서 무엇을 하라고 하지 않아도
불안을 느낄 수 있는데 계속적인 압박을 받게 되면 더 우울하고 불
안해진다. 뭔가 안 하고 있으면 불안하고 어떻게 해서든지 무엇인가
를 해 보려 노력해 보지만 무엇인가를 하는 것이 너무 힘들다. 서원
은 다른 사람들로부터 뒤처지는 느낌이 드는 것도 힘들고, 살아가야
하는 일들이 막막하기도 하고, 다른 사람들은 다 잘 살고 있는 것 같
다는 생각을 하게 된다. 진짜 잘 되고 싶기도 하고 그러다가 지겹다
는 생각을 하기도 한다. 그래서 벗어나고 싶기도 했는데 어떻게 해
야 좋을지 몰라서 혼란스러웠다.

초희는 자신이 우울한지도 몰랐다. 다른 사람들은 일상적인 생활
을 잘하고 있는데 자신은 왜 그런 기본적인 것을 못하는지를 생각하
면서 오히려 자신에게 자괴감을 느꼈다. 그러던 중에 아버지가 술을
마시고 와서 행패 부리는 것을 보다가 너무 화가 나서 자해를 시도
해 병원에 가게 되었다. 정말 위중한 상황이었지만 다행히도 수술이
잘 되었고, 처치가 잘 이루어져서 목숨을 구하게 된다. 당시 초희를
수술한 의사는 외과의로서 실력이 있기도 했지만 초희의 현재의 상
황을 이해해 주었다. 초희의 상태가 정상이 아니라 우울이 심한 상
태라는 것을 알아보고 그녀에게는 정신과 진료가 필요하다고 그녀
의 부모를 설득한다. 당시 부모는 정신과 치료에 대해 잘 이해하지
못하는 상황이었다. 그 의사는 자신도 정신과에 다니며 약을 먹고
있다고 하면서 자신이 진료받는 곳을 소개시켜 주겠다고 해서 초희
도 정신과에 다닐 수 있게 된다.

윤재도 군대에서 적응 문제를 겪다가 그때까지는 몰랐던 자신의 심리적인 문제를 알게 된다. 군에 입대하고 1년 정도가 지나서 상병을 달고 적응을 잘하고 있다고 생각할 때에 군대 내에서의 괴롭힘이나 폭행을 못 이겨 냈다. 윗 관리자에게 자신이 겪은 상황을 이야기를 하게 되면서 정신과에 입원을 하게 되었다. 어떤 문제로 정신과에 입원했는지에 대해 정확하게 기억하지는 못하지만 자신의 문제였다고만 알고 있었다. 자신이 막내로 살면서 어릴 때부터 많은 관심과 사랑을 받고 살다 보니까 사회에서 어떻게 처신을 해야 하는지에 대해 알고 있는 것이 없어서 단체 생활에서 어려움을 겪게 된 것이라는 정도로 알고 있다.

열심히 살아야 한다고 생각했던 은서는 문제가 생기면 직면해서 해결하는 것이 옳다고 생각했다. 그렇게 노력하며 살고 있었는데 상황은 점점 더 나빠진다. 그러면서 우울증이 생기고 기면증도 생기게 된다. 기면증이 생기면서는 시도 때도 없이 자게 되고 자신을 표현하는 것이 많이 줄게 된다. 그렇게 지금까지 노력해 오던 모든 것을 이제 하지 않기로 포기하고 나니 모든 상황이 잠잠해짐을 느낀다. 그런 상황을 보면서 열심히 살아야 할 이유를 찾지 못하게 되고 무력감과 더불어 대인기피증까지 찾아온다.

이렇게까지 된 것에는 애인의 역할이 크다. 은서가 그렇게 열심히 투쟁을 하고 있었던 이유는 애인과 함께 잘 지내기 위함이었는데 그 친구는 부모의 뜻을 거역할 수 없었기 때문인지 너무 힘들어해서 헤어지게 되었다. 그런데 은서는 믿었던 친구에게서 자신이 버림을 받았다고 생각한 것이다. 그리고 지금까지 자신이 소리를 내서 시끄럽고 힘들었는데 소리를 내지 않게 되니 세상이 조용해지는 느낌이 들면서 무력감을 느끼게 되었다. 지금까지 자신은 무엇을 위해 살았던 것일까라는 회의와 함께 스스로가 한없이 작게 느껴졌다. 모든 게 의미 없는 일인 것 같고 행하는 행동 하나하나가 괜히 긁어 부스럼 만든 것 같게 느껴지니 세상이 너무 싫었다. 지금은 그런 감정들을 어느 정도 극복했음에도 불구하고 가족들과 함께 살았던 곳으로 가게 되면 이유 없이 우울증이 심하게 오고 여지없이 힘들었던 그 당시와 똑같은 감정이 다시 살아난다.

10. 어두운 굴속으로

'어두운 굴속으로'는 부모와 학교에서의 관계의 어려움을 겪으며 얻게 된 심리적인 어려움을 호소하는 청년들이 은둔으로 들어가는 길목에 관한 내용이다. 관계의 힘듦을 경험하다가 인간관계도 필요치 않고 다 괜찮다고 애써 말하다가, 감당해야 할 것들의 무게를 감당하지 못하고 현실로부터의 도망을 결정한다. 아니 살기 위해서 그렇게 도망쳐야만 했을지 모르겠다. 그래서 현실로부터의 도망을 결정하고 지금까지 하고 있던 것들을 멈추고 은둔으로의 도망을 꿈꾸게 된다.

청년들의 마음속에 켜켜이 쌓여 있던 분노가 결국 폭발하게 된다. 어딘가에 내재되어 있던 분노가 여러 방법으로 표출되는데 정작 아버지에 대한 분노로 어머니를 때리기도 하고 심지어 분노가 심해서 집에 가만히 있을 수 없어 집을 떠나 노숙을 하기도 한다. 이러한 이유로 그들이 결정한 것은 고립이었다. 더는 남을 의식하지 않고 살기를 결정한 것이다. 세 번째 주제에서 드러난 이야기는 〈현실로부터 도망〉〈분노의 폭발〉〈고립되기로 결정〉이다.

1) 현실로부터 도망

살아 내야 하는 현실은 더는 안전한 곳이 아니었다. 해야 할 일들로 가득 차 있고 끊임없는 요구들로 숨도 못 쉬게 하는 곳이다. 그래서 그 현실을 뒤로하고 도망을 쳐야만 했다.

혜원은 입시를 앞두고 연기를 공부해서 대학에 가려고 했다. 재수까지 하면서도 연기연습을 열심히 안하는 자신을 보고 이대로 해서는 입시를 치를 수 없겠다는 결론을 내리고 중간에 그만두게 되었다. 처음에는 연기가 재미있다고 느꼈는데 시간이 갈수록 그렇지 않게 되었다. 그런데 지금 그 당시를 생각해 보면 너무 잘해야 한다는 마음 때문에 재미가 없어졌다는 생각이 들기도 한다. 잘해야 한다는 마음이 있으면 잘하려는 노력을 해야 하는데 그렇게 하지는 않고 그냥 재미만 없어진다. 그러고 보면 자신이 공부를 할 때도 그랬던 적이 있는 것으로 봐서 잘해야 한다는 마음이 들면 모두 재미가 없어지지 않았을까 그런 추측도 하게 된다. 지금도 버킷 리스트를 적고 무엇인가를 해 보려고 노력하고 있으나 생각처럼 쉽지 않다. 놀고 싶다고 말하다가 놀고 싶은 마음이 강하지 않다고도 말한다.

은서도 마찬가지이다. 그녀의 표현에 의하면 정말 파이팅하며 살고 싶었다. 그런데 그런 파이팅은 하면 할수록 그녀를 무기력에 빠지게 했다. 오히려 대응하지 않았더니 세상이 조용해진다. 이 평화를 깨고 싶지 않기 때문에 현실을 보려 하지 않는다. 은서는 지금의 자기는 예전의 모습보다 많이 변했다고 말한다. 이제는 그냥 조용하게 살고 싶단다. 열심히 살려다가 벌어진 일들이 결과가 좋았던 적이 없어서 체념을 하게 되었다는 것이다. 열심히 살려고 노력했던 과거를 돌이켜 보면 자신이 나선다고 상황이 바뀐 것도 아니었다. 이런 경험들이 쌓이다 보니까 현실감이 점차 사라졌다. 지금의 목표는 그냥 살아 있자는 것이고 이왕 살 거면 좀 편하게 살자는 것이다. 이런 목표를 갖고 살다 보니까 가능하면 이 상태를 깨고 싶지 않단다.

윤후는 신장 관련 질환이 있다. 그런데 그 사실을 가족들한테 말하지 않았다. 그들을 힘들게 하고 싶지 않았기 때문이다. 그렇지만 가족의 관심이 있다면 굳이 말하지 않아도 윤후가 아픈 것을 알 수도 있는 일이었을 것이다. 윤후가 택한 것은 괜찮은 척하는 것이다. 윤후는 멋있어 보이고 싶었다는 표현을 한다. 가족들에게 자신이 괜찮은 것처럼 보이고 싶었다는 것이다. 사실 괜찮지 않은데도 말이다. 그는 대학을 다니다가 관계의 어려움을 느끼고 자퇴하게 된다. 그리고 관계가 힘들어서 학교에 못 간다는 것을 가족에게 끝까지 말하지 못했다. 그것을 말했다면 이해라도 받았을 텐데 결국은 말하지 못하고 은둔으로 들어갔다. 그 결과는 결국 현실을 부정하는 것이다. 이것은 곧 현실로부터의 도망이었다.

초희도 마찬가지로 오래 버티다가 학교로부터 도망하는 것을 볼 수 있다. 초희는 중학교 때는 학교가 너무 싫었지만 잘 버티다가 고등학교 2학년 때 자퇴를 하게 된다. 어느 날 힘들게 잠에서 깨었는데 너무 학교 가기가 싫어서 씻지도 못하고 그냥 누워 있다가 무단결석을 하게 되고, 이런 상황이 반복되며 결석하는 횟수가 늘어나게 된다. 그러다가 학교에서 부모에게 연락이 가고, 결국 자퇴하고 방송통신고등학교로 전학을 가게 된다. 그렇게 자퇴를 하고 생각을 차단하면 살 수 있겠다고 생각한 것이다. 그녀는 무언가를 하려고 하면 불안해지고 집중도 안 되고 눈물만 났다. 어떻게 해서든 공부해야 하는데 할 수 없고, 독립해야 하는데 못하고 있는 자신을 생각하면 눈물이 났다. 그래서 자퇴 후에 한 일은 앞에 닥친 현실을 생각하지

않도록 게임이나 유튜브 등을 보면서 다른 곳으로 도피하는 것이었
다. 자극적인 것들이나 당장에 집중할 수 있는 것들을 해야 다른 생
각을 차단할 수 있었다. 깨어 있을 때는 바로 잘 수 있는 시간까지 버
티다가 잠이 드는 생활을 했다. 왜냐하면 누워서 생각할 시간이 있
으면 머릿속에 생각이 막 돌아가서 잠을 잘 수 없게 되기 때문이다.
대부분 새벽 6시 정도까지 버티다가 억지로 눈을 감고 잠이 들었다.
이처럼 몸을 최대한 힘들게 하다가 너무 졸려서 잠을 잘 수밖에 없
을 때 잤다. 이것은 현실의 생각들로부터의 도피였다. 현실은 의식
하고 살기에는 너무 힘든 것이었기에 현실로부터의 도망을 택했다.

2) 분노의 폭발

은둔으로 가게 된 계기가 있느냐는 질문에 청년들은 잘 모르겠다
는 답을 많이 했다. 그런데 막상 질문을 받고 나면 여러 가지 일을 기
억하려 애쓰면서 왜 은둔으로 가게 되었는지에 대해 고민한다. 그러
면서 폭발이라는 표현을 했다. 참았던 감정이 폭발했다는 것이다.
아니면 누군가가 청년들이 갖고 있던 참고 있던 감정을 건드려서 은
둔으로 가도록 했다는 것이다.
초희는 자신의 무단결석으로 이제 학교에 다닐 수 없다는 결정을
내리려고 할 때 담임 선생님의 왜 학교를 그만두려고 하느냐는 한마
디에 자퇴를 과감히 결정하며 은둔으로 들어가게 되었다. 그녀는 자
신이 만나 본 은둔 경험자들은 어떤 계기가 있어 은둔을 한다기보다
는 그냥 오래 쌓여 온 것 때문에 은둔을 택했음을 알게 되었다. 무기
력이나 상처, 우울증과 같은 것들이 오래도록 쌓여서 은둔으로 들어
가게 되었다는 것이다. 갑자기 은둔으로 들어간 것이 아니라 쌓여

있던 것 중 한 부분을 건드리게 되면서 은둔으로 들어가게 된 것이다. 자신도 마찬가지라고 한다. 애써 참고 있던 감정을 담임선생님이 건드린 것이다.

　서원이도 복학하려고 미국에 다시 돌아가서 학교까지 갔는데 너무 감정적으로 안 좋아지고 그 전에 있었던 우울감, 무기력감이 심해지면서 우울증이 심하게 찾아온다. 그러면서 불안도 엄청 심해지고 가만히 있어도 너무 힘들어지는 상황을 맞게 된다. 그러다 자신감도 떨어지면서 결론은 못하겠다는 결정을 내리게 된다. 자신에 대해 절망감을 느끼게 되고 1년이나 시간을 들여 노력했는데 안 된다는 것을 깨달았다. 그러니 이제 인간관계를 제대로 하는 것은 자신의 인생에서 불가능할 것이라는 생각이 들면서 폭발을 하게 된다. 그도 무엇인가를 해야겠다는 열심을 내보기도 했지만 결국은 자신의 상황에 대해 정확하게 인지하지 못하다가 폭발했다.

　정희는 우울증이 심해지니까 학교에 갈 수 없었고, 집에서 게임만 하다가 분노가 폭발했다고 한다. 이 분노는 정확하게는 아버지에 대한 분노인데 그 분노의 대상이 너무 무서우니까 만만하게 느껴지는 어머니에게 분노가 폭발한다. 자신을 보호해 주지 못하는 어머니에 대한 분노였다. 안정감을 제공해 주어야 할 어머니라는 대상에 대한 화가 참다가 터진 것이다. 그래서 정희는 중학교 2학년 즈음에 정신병원에 입원을 하게 된다. 너무 화가 나서 어머니를 때린 것이 그 이유였다.

　분노는 잘못 폭발하게 되면 누군가를 해칠 수도 있는 감정이다. 그 분노를 엉뚱한 곳에서 터뜨리기도 하고 때로는 분노의 대상에게 정확하게 화살이 가기도 한다. 사라는 은둔으로 가게 되는 계기가 무엇인가라는 질문에 정확하게 아버지의 폭력과 학교폭력이라고 답

한다. 그러한 폭력은 그녀의 분노를 폭발하게 해서 더는 집에 있을
수 없게 만들었다. 몇 년 전에 사라는 너무 화가 나서 차에서 노숙을
하면서 지낸 적이 있다. 그러다가 한번은 아버지가 너무 힘들게 해
서 폭발을 한 적이 있다. 다행히 이러한 분노의 폭발을 통해서 아버
지의 폭력이 누그러지기 시작했다고 했다. 부모가 자신에게 문제가
있다는 것을 알게 되면서 누그러지기 시작했다는 것이다.

　재진은 인터뷰의 처음에는 운동을 좋아한다고 말했다. 그러다가
나중에는 운동은 자신의 살길이었고 분노를 표출하는 방법이었다고
말한다. 그래서 어려서부터 운동에 몰입을 많이 했는데 이는 어찌
보면 자해이기도 했다. 심하게 운동을 한 탓으로 젊은 나이에 관절
을 많이 다쳐서 몸이 아프다. 재진이가 했던 운동은 혼자서 하는 것
으로 기합을 넣기도 하고, 예술적인 부분도 있고, 창작성도 있는 것
이었지만 결국은 자신의 분노를 표출한 것이다.

3) 고립되기로 결정

　관계의 어려움 등을 겪게 되면서 그 상황을 해결해 보려고 노력해
보기도 하지만 결국 청년들의 선택은 고립되기로 결정하는 것이었
다. 이것은 어렵게 유지되고 있던 관계로부터의 회피라고 볼 수 있
다. 인수는 친구들과 게임을 하다가 게임 아이템을 주고받는 과정
에서 한 친구에게 실망하게 되고 결국은 함께 지내던 친구들 모두와
멀어지게 되면서 고립감을 느끼고 은둔으로 가게 되었다. 이 친구들
하고 게임을 했던 것은 자신이 원해서 한 것이 아니라 관계를 위해
서 했던 것이다. 결론은 친구들과 멀어졌기 때문에 그냥 자신이 하
고 싶은 것을 하면서 남 신경 쓰지 않고 살아야겠다고 생각했다. 길

지도 않은 인생인데 남 눈치나 보면서 지내야 하는지에 대해 회의적
이었다. 인수는 평생을 함께 갈 수 있는 사람을 못 만난다면 관계는
일회성이고 자신을 이용한다는 느낌이 들어서 혼자 살아야겠다고
결심하게 된다.

은서는 고립을 선택함으로써 오히려 자유로움을 느끼게 되었고,
대인기피증도 치료되는 경험을 한다. 은서는 모든 관계가 다 끝났다
고 생각하고 고립을 선택한 것이었다. 자신을 공격하는 사람과 있으
면 계속 부딪히기 마련인데 혼자 있으니까 자신을 괴롭히는 사람은
자신밖에 없었다. 자연스럽게 스스로를 돌아보는 시간을 갖게 되었
다. 이후 스스로 잘 타협하면서 점차 상황이 나아지게 되었고 희망
을 조금씩 찾을 수 있었다. 그렇다고 대인기피가 완전히 없어진 것
은 아니지만 정신적으로 안정을 되찾게 되었고 외부의 힘든 일들에
대해 대처할 용기가 생기게 되었다. 1년 정도의 시간이었던 고립의
시간이 자신을 성장시키는 시간이 된 것이다.

윤후는 누구와도 교류하지 않으면서 혼자서 자신의 감정들을 표
출해 내고 있었다. 컴퓨터와 책, 핸드폰 정도와의 소통이 전부였다.
다른 사람들의 이야기를 들어보면 커뮤니티나 카페 같은 그런 곳에
가입도 많이 하고 소통한다는데 자신은 그러고 싶은 생각이 전혀 없
었다. 그래서 혼자서 많이 놀았다. 그때는 감수성이 예민했던지 벽
에 막 글을 썼다. 포스트잇으로 썼는데 자신을 그저 먹고 자는 가축
이라고 표현하기도 했다. 당시에 조커가 개봉해서 상영하고 있었는
데 영화에서 조커가 말을 못해서 쓰레기통을 차는 장면이 있었다.
그래서 윤후도 그것을 따라서 벽을 치기도 하고 선풍기를 발로 차기
도 했다.

윤재의 경우는 일상생활을 잘하고 있다고 생각했지만 어쩔 수 없

이 고립을 선택했다. 군대에서는 부적응으로 정신병원에 입원했었다. 퇴원 후에는 군대에서 전역하고 일상으로 돌아왔다. 일상으로 돌아왔지만 우울증으로 약을 처방받아서 계속 먹게 된다. 직장생활도 하면서 잘 지내는 듯이 보였지만 약을 잘못 처방한 것인지 너무 감정적으로 가라앉고 차분해졌다. 약의 부작용으로 손발이 떨리기도 해서 사람들을 만나는 것을 피하게 된다. 그는 정신병동에 입원하기도 했고 우울증이 있기도 하지만 사람들과 소통하는 것에는 문제가 없었다고 스스로 느끼고 있었다. 청년들은 여러 가지의 이유로 인해 고립을 택했으나 그들은 고립이 최선의 선택이었다고 말한다. 청년기의 친밀감을 형성해야 하는 시기임에도 그들이 고립으로 가고 있는 것이다.

11. 흑암의 시간

네 번째 주제인 '흑암의 시간'은 말 그대로 어둠의 시간이다. 흑암이라고 하는 것은 어두움, 성경에서는 창조 이전의 상태나 죽음의 세계를 뜻한다. '흑암의 시간'은 은둔을 경험한 청년들이 은둔의 시간을 보내면서 경험했던 어두운 시간에 관한 내용으로 이루어졌다. 그들은 살아 보려고 애써 보았지만 일어설 힘이 남아 있지 않아서 그대로 쓰러지고 말았다. 그렇게 쓰러진 채로 아무것도 하지 않고 시간을 보내야 하는 절망감과 이렇게 사는 것보다는 죽음을 선택해야 하는가라는 갈등을 수도 없이 반복하는 시간이다.

그러한 삶의 여정 중에도 긍정적인 것들이 있어서 그 삶의 어두움 속에서 청년들을 지탱해 주기도 했다. 상담의 기회를 얻게 되어서 자신에 대해 새롭게 정리하는 시간을 갖기도 하고 다시 나갈 힘을 얻기도 한다. 너무 뒤엉켜서 풀릴 것이라 느껴지지 않는 삶을 재정리하는 시간을 갖게 되기도 했다. 네 번째 주제에서 보여 주는 이야기는 〈죽음과도 같은 시간〉〈긍정적인 부분들〉이다.

1) 죽음과도 같은 시간

은둔의 시간은 너무 어두워서 아무것도 보이지 않는 죽음과도 같은 시간이다. 이러한 시간은 우리가 힘들 때 흔하게 사용하는 '살아도 산 것이 아니다.'라는 말을 실감나게 한다. 어둠 속에서 그냥 있었다. 어느 무엇도 할 수도 없었고 하기도 싫었다. 이대로는 살 수 없어서 죽어야 한다는 마음은 있으나 선뜻 죽음을 택하지도 못한다.

인수는 처음에는 혼자 있는 것이 편해서 은둔으로 들어가게 되었다. 그래서 처음 2년 동안은 시간 가는 줄도 모르게 좋았다. 그러나 시간이 지나면서 점점 건강이 안 좋아지고, 경제적인 어려움도 생기고 게임도 질리게 되며 뭔가 색다른 자극을 추구했다. 그러다가 결국은 누워서 생각을 많이 하게 되면서 지금은 살아서 생각이라는 것을 하고 있지만 언젠가는 이런 생각도 못할 수 있겠다는 그런 두려움이 다가왔다. 살 수 있다고 생각을 하면서도 자꾸 내가 이 세상에서 없어진다는 그런 말도 안 되는 생각을 하게 되었다. 세상에서 없어진다는 것은 좀 안타까운 일이라고 느끼면서도 계속 그런 생각이 머릿속을 떠나지 않았다. 그렇게 죽음을 생각하고 있었다.

사라의 종교는 기독교이다. 그래서 교회에서 자주 말하는 자살하면 지옥에 간다는 믿음이 있기에 지옥에 갈 수 없어서 죽을 수 없었다고 한다. 그런 기독교를 믿으면서 참고 있었지만 정작 교회에서는 아무도 도와주는 사람이 없었다. 오히려 따돌림을 당하기도 했는데 사라는 자신이 재수가 없었다고 말한다. 그러니 너무 쉬고 싶어서 사는 것을 그만하고 싶고 죽음에 대한 생각은 멈추지 않는다. 살아 있는 것이 너무 고통스러워서 그냥 먼지가 되어 사라지고 싶었다. 거의 매일 그런 생각을 했다. 뉴스에서 연예인들의 자살 소식을 들으면 더 그랬다. 그러다가 살고 싶기도 했지만 그것은 아주 가끔이었다. 죽을 수는 없다고 생각하면서도 차에서 노숙하면서부터는 죽을 준비를 하고 다닌다. 번개탄이나 침낭 같은 것들을 다 싣고 다니면서 죽을 자리를 찾으러 다니기도 했다. 유서도 써 놓고 죽을 수 있는 상황을 다 만들어 놓고 실행에만 옮기면 될 수 있도록 말이다.

그런데 그런 와중에 아버지가 사라에게 뭐라 또 잔소리를 하게 되었고, 그 말에 화가 나서 결국 죽고자 결심하게 된다. 그녀는 자살 시도를 했고, 처음에는 진정제 50알 정도를 먹고 쓰러졌는데 별 이상 없이 회복되었다. 두 번째로는 조울증 약을 다량 복용했다. 심각한 상황이 되어서 투석을 하게 되고, 바이탈 수치가 떨어지고, 수혈을 받고 하면서 중환자실에 있게 되었다.

무엇인가를 해야 하는데 어떤 것도 하지 않고 있는 자신의 모습을 용납할 수 없어서 재진이도 죽고 싶다는 생각을 많이 했다. 자신이 너무 가치 없어 보였다. 그렇게 가치 없다고 느껴지는 이유는 아버지가 항상 새벽마다 일을 나가셨는데 언젠가 일을 쉬는 것을 보면서 좀 안 좋아 보였던 기억 때문이다. 그런 기억이 아무것도 못하고 있는 자신에게 투사되어서 쓸모없게 느껴진 것이다.

윤재도 가끔 편의점만 다녀오고 온종일 집에서 그냥 있었다. 그러면서 핸드폰을 많이 접하고 게임을 하거나 유튜브를 봤다. 아니면 인터넷 커뮤니티를 보면서 시간을 보냈다. 그러다가 이렇게 살다가는 고독하게 사라질 것 같다고 느낀다. 사라진다는 의미는 죽음을 시도할 것 같다는 것이다. 그렇게 되지 않기 위해 할 수 있는 것이 무엇인지를 알아보기도 한다.

정희는 자신이 사는 모습이 너무 쓰레기같이 느껴져서 스스로를 쓰레기 취급하기도 하고 방을 쓰레기장처럼 어질러 놓기도 한다. 밥 먹을 가치도 없다고 느껴져서 라면만 먹기도 한다. 자신이 가치 없다고 느껴질수록 폭력 성향은 많아져서 어머니에게 폭언을 하기도 했다. 그러다가 그런 자신이 너무 싫어져서 어머니와의 관계를 단절하기도 한다. 그래도 살아야 하니 문자로 필요한 것들을 보내면 어머니가 가져다 놓아 주는 것이 일상의 전부였다. 인터넷으로도 소통을 안 하는 등 누구와도 소통하지 않았다. 그 기간은 철저히 혼자라서 큰 외로움을 느꼈고, 자신의 이야기도 하고 싶었고, 다른 사람들의 이야기도 들으며 소통하고 싶은데 그럴 수 없으니까 외로워서 울어 본 적도 있다.

2) 긍정적인 부분들

은둔하는 시간 중에 긍정적인 것으로 느낄 수 있는 일들도 있다. 청년들에게 은둔은 자신만을 생각할 수 있는 시간이기도 했고, 지금까지의 인간관계를 재정립하는 시간이기도 했다. 그리고 은둔 중에 온라인에서 만난 사람들로부터 도움을 받기도 한다. 상담사의 도움으로 자신에 대해 새롭게 알게 되는 시간을 갖기도 했으며 환자를 이해해 주는 주치의의 도움으로 세상으로 나가는 계기를 만들기도 한다. 이때 청년들에게 상담사나 주치의는 그들이 가지고 있는 관계의 불안을 인정해 주면서 다가갔을 것이다. 그러한 결과로 청년들은 그들에게 마음을 열게 된다.

윤재는 은둔 기간 중에 자신과 대면하는 시간과 대인관계를 재정립하는 시간을 가졌다. 은둔하기 전에 그는 정신없이 바쁜 삶을 보냈다. 회사에서 일하고, 일 끝나면 사람들을 만나서 놀고, 그런 시간을 반복하면서 지내느라 자신에 대해 생각해 보는 시간을 갖지 못했다. 그러다가 온전히 혼자 있는 시간을 보내다 보니 6, 7개월 정도는 자신만을 생각하는 시간을 갖게 된다. 평소였다면 절대 그런 깊이까지 생각하지 못했을 텐데 은둔의 시간을 통해 자신을 대면하는 시간을 갖게 된 것이다. 그 시기는 자신이 뭘 해야 할지 뭘 바라는지를 알게 되는 기회가 되었다. 그러면서 인생에 대한 구체적인 계획을 세우게 되었다. 원래의 자신은 생각을 깊게 하지 않았고, 더욱이 그저 이렇게 하면 되겠다는 생각을 해도 그것들을 실행에 옮기는 것은 힘들었다. 은둔의 시간을 통한 깊은 생각은 유튜브 영상에서 보게 된 '안 무서운 회사'의 셰어하우스로 가서 사회적인 교류를 하고 인간관계를 재정립하자는 계획을 세우면서 실행에 옮기게 되었다.

정희는 반복된 정신병원 입·퇴원으로 부모에게 화가 많이 나 있었다. 그녀는 세 번째의 입원에서 어머니에 대한 수동 공격으로 아무것도 하지 않기를 결심한다. 아무 말도 하지 않는 등 일관적인 무반응으로 대응했다. 그러던 중에 그곳 환우들의 필요에 민감한 주치의 선생님의 작은 배려로 마음을 열게 된다. 그것은 젊은 환우들에게 핸드폰을 몰래 준 것이었다. 핸드폰을 주면서 다른 어른들은 모르게 하라는 말도 잊지 않았다. 그곳에서 정희는 자신보다 열 살 정도 많은 오빠를 만났는데 그 오빠가 핸드폰으로 노래를 듣고 있었다. 그 노래는 정희가 좋아하는 아이돌의 노래였다. 한 3주 정도 아무런 자극이 없다가 좋아하는 음악을 듣게 되니까 정희가 반응을 하게 되었다. 그녀는 노래를 듣다가 그 오빠에게 한두 마디 하게 되었고, 사이가 점점 가까워지면서 마음이 조금씩 열리는 것을 경험하게 되었다. 그러다가 주치의 선생님에게도 반응을 하게 되면서 그와의 라포가 형성되었고, 입원한 지 두 달 정도 지나서는 어머니와 첫 외출을 하게 된다. 그 첫 외출은 정희에게 특별한 의미가 있는 외출이 되었다. 추운 겨울 어느 날의 외출이었는데 오랫동안 걷지 않다가 걷는 것이라 걷기는 힘들었다. 그러나 햇볕이 너무 따뜻하다고 느껴지며 충격을 받게 된다. 지금도 그때 받았던 햇볕의 따뜻함이 마음에 가득하다.

　사라는 잠 못 들고 있던 어느 새벽에 마음도 불안하고 괴로워서 누군가에게 이야기를 하고 싶어진 경험이 있었다. 마침 유튜브에서 은둔형 외톨이의 사연을 보내 달라는 광고를 보고는 자신의 이야기를 적어 보내게 된다. 내용은 자신이 지금까지 겪었던 아버지의 폭력이나 학교폭력으로 인해 은둔을 시작했고 이러이러한 일들이 있었다는 것이었는데 자신의 글이 채택되어 서울로 올라오게 되었다.

　은서는 기면증으로 인해 너무 많이 잠을 잤다. 누워만 있다 보니 근육들이 풀려서 걷기도 힘들어져서 걷는 연습을 해야 할 정도였다. 그래도 이전에는 부모님의 도움을 받는 것은 빚을 진다고 생각하여 그들에게 부탁하는 것을 어려워했는데 처음으로 정신과에 보내 달라고 부탁하게 되고 상담도 받게 된다. 처음에는 방문 상담으로 시작했는데 받다 보니 밖에 나갈 수 있을 것 같아서 한 번씩 나갔다 오기도 했다. 그러다가 집 밖으로 나올 수 있겠다는 생각이 들면서 서울로 왔으나 언니에게 집착하게 되었다. 그렇게 서로 상처를 주고받다가 대인기피증도 안 고쳐지고 관계를 맺는 것이 어려워져서 다시 은둔으로 들어간다.

초희는 상담을 받으면서 자신에 대해 새롭게 깨닫게 되었고, 상담 이전까지는 어떤 일이 일어났을 때 피해자로서 자신을 대했다면 상담을 받으면서부터는 자신을 객관적으로 다시 볼 수 있게 된 점이 큰 유익이었다고 말한다. 그녀는 은둔을 오래 하다 사고가 이상하게 굳어지는 자신을 발견했다. 예를 들면, 사소한 사건에 대해 자신이 피해자라는 생각이 들었고, 상대가 자신을 공격했다고 느끼기도 했다. 다시 생각해 보니 이 사람이 자신을 공격한 것이 아니라 상처가 있는 자신이 그런 반응을 한 것뿐이고 자신의 어린 부분이 건드려진 것뿐이라는 것을 알게 되었다. 또 다른 유익은 자신이 힘들다고 머릿속으로 알고 있는 것과 말로 꺼내는 것이 다름을 느꼈다는 것이다. 말을 하면 할수록 자신에 대해 새롭게 알게 되는 것도 있었다. 자신이 혼란을 느끼고 있는 것에 대해 전문가가 적절한 조언을 해 줌으로 인해 생각이 정리되었다.

재진은 자신의 은둔 경험에 대해 겪어야 할 일을 겪은 것이라 말한다. 오히려 젊었을 때 겪게 된 것이 다행이라고 한다. 왜냐면 언젠가는 터져야 했을 일이었기 때문이다. 우울이나 공황장애도 안 겪는다면 더 좋았겠지만 이왕 겪어야 한다면 어릴 때 겪고 간 것이 데미지가 덜 심했다고 한다. 그가 겪은 이혼도 마찬가지이다. 너무 섣불리 결혼을 했었고 후회가 되기도 하지만, 자신의 공허감을 채우기 위해 한 번은 그렇게 했을 것 같다고 말한다. 겪어야 될 일이었다면 빨리 겪는 게 나았다는 것이다. 이렇게 은둔의 시간을 통해서 자신에 대해 깨닫게 되기도 한다. 은둔의 모든 시간이 다 무익한 시간은 아니었다는 것이다.

12. 다시 세상 속으로

다섯 번째 주제는 '다시 세상 속으로'이다. 말 그대로 은둔을 경험한 청년들이 은둔을 끝내고 세상으로 다시 나간다는 것이다. 은둔의 시간을 끝내고 나오는 것에도 계기가 필요하다. 그 계기가 되어 준 것이 셰어하우스이고 은둔 고수 프로그램이었다.

셰어하우스[1]는 청년들에게는 사막에서 만난 오아시스와 같은 존재였다. 은둔 고수 프로그램[2]을 통해서 은둔 경험이 있는 경험자로부터 상담을 받기도 하면서 사회에 적응하는 방법을 터득해 가는 시간을 경험하게 된다. 다섯 번째 주제에서 드러난 이야기는 〈셰어하우스의 발견〉 〈은둔 고수 프로그램〉이다.

1) 셰어하우스의 발견

은둔의 시간을 보내고 있는 청년들에게 한 줄기의 빛이 어두운 방을 비춘다. 그들은 어둠의 시간을 보내면서 애써 부정적인 마음과

---

1) K2 인터내셔널은 1989년에 일본에서 사회 문제로 드러난 '등교 거부' 문제를 해결하기 위해서 설립되어 요코하마, 이시노마키, 뉴질랜드-오크랜드, 호주-시드니 그리고 한국에서 지금까지 히키코모리(은둔형 외톨이), 니트(NEET) 등과 같이 생활에 어려움을 겪고 있는 청년들이 자립하여 살아갈 수 있도록 지원하고, 함께 살아가는 장을 만들었다. 한국에서는 2012년에 K2 인터내셔널 코리아를 만들어서 활동을 시작했고, 사회에 적응하기 어려운 한국의 청소년과 청년들에게 고립에서 벗어나 스스로 자립하기 위한 프로그램으로 공동체 생활을 위한 셰어하우스와 은둔 고수 프로그램을 운영하고 있었는데 지금은 경영난의 악화로 한국에서 사무실을 철수한 상태이나 직원 한 분이 남아서 계속 일은 하고 있다. 철수하는 과정에서 은둔의 경험이 있는 청년들이 '안 무서운 회사'라는 기관을 만들어서 셰어하우스와 연계사업을 진행 중이다.
2) 은둔형 외톨이 현황, 지원 체계 등의 기초 이해부터 심리, 멘탈, 예술 등 다양한 전문가 초빙 워크숍 및 강연 등을 한다.

생각을 부인하기 위해 세상으로부터 들어오는 온갖 빛을 차단하고 깊은 어둠 속에 있었다. 그런데 그 어둠을 뚫고 한 줄기의 빛이 들어와서는 작지만 밝은 공간을 만들어 주게 된다. 그런 조그마한 밝은 빛이 셰어하우스였다. 재진은 일찍 결혼하고 외국에서 생활하다가 낯선 외국에서의 생활로 인해 서로에게 상처를 주게 되었다. 부부 상담을 통해 어떻게든 관계를 이어 가려 애를 썼지만 결국은 이혼을 경험하게 되었다. 이혼하는 과정에서 상처도 많이 받게 되었지만 한국으로 돌아와서는 열심히 살아 보려고 힘든 아르바이트도 마다하지 않고 노력했으나 모든 것이 역부족이었다. 다시 힘을 내서 소방공무원 시험을 준비하게 되었다. 공무원 시험을 준비하는 과정이 쉽지 않았고 가지고 있던 감정적인 부분들도 다스려지지 않았다. 그래도 소방 공무원 시험이 얼마 남지 않았기 때문에 참고 공부해서 마치면 셰어하우스에 연락을 해 보겠다는 일념으로 공부를 하게 되었다. 그러다가 또 코로나 상황으로 인해 시험이 3개월이나 연기되었다. 그 상황도 견디고 공부에 매진했지만 결국은 시험에 떨어지게 된다. 그리고는 자신의 상황이 너무 안 좋아져서 큰일 날 것 같은 느낌이 들어서 K2 인터내셔널 코리아의 셰어하우스에 연락을 해서 들어가게 된다. 재진이 셰어하우스로 들어가기 전에 느꼈던 고립감은 설명할 수 없을 정도로 괴로운 일이었다. 점점 고립되는 상황이 힘들어지면서 세상이 어둡게만 보이고, 산에 가서 보이는 평범한 나무조차 목을 매달 나무로 여겨지면서 지금까지 경험해 보지 못한 어두운 경험을 하게 된다.

윤재도 비슷한 경우이다. 고독함이 극에 달하기도 했고 좋지 않은 선택을 하게 될 것 같았다. 자신을 구제해 줄 수 있는 것이 무엇이 있을지를 찾던 중에 만난 것이 '안 무서운 회사'의 셰어하우스였다. 그저 주저앉아 있다가는 자신이 허무하게 사라질 것 같았다. 여기서 사라진다는 것은 죽음을 의미하는 것이었다. 자신이 자신을 해칠 수 있겠다고 생각한 것이다. 그렇게 생각하게 된 계기는 가끔 찾아와 주곤 했던 보건소의 봉사자로부터 청년들의 고독사에 대한 이야기를 듣게 되었고, 청년 고독사가 요즘 사회의 화두가 되고 있다는 것을 알게 되면서부터였다. 이대로 있다가는 안 될 것 같아 각성하는 기회를 갖기 위해서 인터넷으로 검색을 하던 중에 다큐멘터리를 찾아보게 되었고 거기서 안 무서운 회사의 셰어하우스를 발견하게 된다.

정희는 체면을 중요하게 여기는 사람이다. 집에서는 무기력해서 매일 씻는 것조차 너무 힘들었다. 그녀를 볼 사람도 없고 신경 쓸 사람도 없기 때문에 청결을 등한시했다. 그런데 병원에서는 다른 사람들과 생활해야 하니 사람들의 눈치도 보게 되었다. 다른 사람들을 의식하게 되니까 스스로 청결을 잘 관리하고 잘 씻게 된다는 것을 깨닫게 된다. 타인과 생활을 공유하게 되면 스스로를 잘 관리하게 된다는 공동생활이 주는 유익을 알게 되었다. 자신을 잘 추스르기 위해 공동생활에 참여하게 되었다.

셰어하우스의 역할은 단지 집을 함께 쓰는 것만이 아니다. 일상생활에 활력을 줄 만한 여러 프로그램을 한다. 프로그램에 참여하면서 자기의 적성도 알게 되고 이것이 일로 이어지기도 한다. 은서는 은둔고수 프로그램에서 만난 활동가에 의해서 셰어하우스에 들어오게 되었다. 활동가는 밖에 나가는 것을 엄두도 못 내고 있는 은서와 함께 밖에 나가는 연습도 해 주고 셰어하우스의 입주도 도와주었다. 그런 연유로 셰어하우스에 들어오게 되고 일을 경험하는 기회도 갖게 된다. 처음에 경험하게 된 것은 관계의 경험이었다. 은서는 셰어하우스에 처음 갔을 때 방문을 열고 나오면 사람들과 마주치니까 잘 나가지 못했다. 지금은 자연스럽게 왔다 갔다 하는데 처음에는 누가 말을 걸면 긴장하곤 했었다. 자꾸 사람들과 부딪히고 편하게 받아 주고 하는 것이 반복되다 보니 지금은 관계가 자연스럽고 많이 편해졌다.

그러다가 파트타임으로 일을 하게 되는 경험이 주어졌다. 처음 일을 접할 때는 긴장을 많이 했다. 일에 대한 경험이 부족해서 실수가 두려웠기 때문이다. 일을 계속 하게 되면서 새로운 일을 받으면 이것은 내가 못할 수도 있겠다는 것을 먼저 받아들이고, 그다음엔 자신이 이 일에 적응이 되면 잘할 수 있겠다는 생각을 하게 된다. 처음에는 일을 잘 못하는 것이 당연한 것임을 깨닫게 된 것이다. 아무래도 처음에는 손도 느리고 적응도 못하고 했는데 이제는 일의 속도도 빨라지고 적응도 잘하게 되었다. 한 가지 일에 대한 적응은 다른 일로도 연결되며 이를 통해 많은 사람을 만나게 된다. 일에서 만난 사람 모두와 친밀한 관계가 된 것은 아니지만 지금은 직장 동료와의 사회적인 관계가 많이 자연스러워진 것이 은서에게 일어난 큰 변화라고 한다.

재진은 셰어하우스에 입주하기를 결정하고 처음에는 적응하는 것이 힘들지도 모른다고 생각했지만 잘 지내게 된다. 불편한 것이 없을 수는 없었지만 개선시키려고 노력하게 되었다. 그런 노력의 결과로 자신이 쓸모없는 사람이 아니라고 느끼게 되었다. 오히려 다른 사람을 격려하고 무엇인가를 해 주려는 노력까지 하게 된다. 그렇게 될 수 있었던 요인이 있다면 그것은 셰어하우스가 편하게 무엇인가를 할 수 있는 환경을 제공해 준 것이다.

셰어하우스에서의 처음의 느낌은 뭔가 편하게 말을 해도 되는 분위기였다. 그런 분위기는 이전의 단체 생활에서는 느껴 본 적이 없었기 때문에 너무 좋았다. 체육관, 군대, 집 등에서는 언제나 강압적인

수직관계만을 경험했었다. 그러나 셰어하우스에서는 수평적인 분위기에서 자신의 감정을 말할 수 있었다. 자신이 좋아하는 운동을 하면서 좋은 분위기에서 지내게 되었다. 잘하는 것이 있으면 서로 잘할 수 있도록 격려해 주면서 같이 하고 그렇게 지냈다. 재진이는 운동을 잘했기 때문에 다른 사람들과 자신의 장점을 공유하면서 잘하는 것이 있다는 것으로 인해 살아 있는 느낌을 가지게 되기도 했다.

물론 셰어하우스에도 불편한 점은 있다. 많은 프로그램이 진행되기는 하지만 그중에 불만스러운 것도 있었다. 때로는 자신이 방치되는 느낌이 들기도 했고, 너무 사무적으로 대하는 직원들에게 실망하기도 한다. 적응을 잘 못하는 사람들에게는 함께 생활한다는 것이 힘든 일이기도 하다. 그래도 많은 프로그램을 활성화하려는 노력을 하고 있는 점은 높이 살 만한 일이다.

윤후는 은둔하면서부터 누구의 연락도 받지 않고 있었다. 같이 살고 있지 않은 큰누나의 연락 역시 받지 않았다. 그러던 중 큰누나가 같이 사는 작은누나를 통해서 연락을 해 왔고 이를 받게 되었다. 은둔형 외톨이들이 모여 사는 곳이 있다고 한번 가 보라고 해서 지푸라기라도 잡는 심정으로 셰어하우스에 들어가기 위한 면접을 보러 오게 된다. 은둔을 하고 있던 집에서 탈출해 나오면서 큰누나와 아버지를 만났다. 특히 아버지는 어머니와 별거하시면서 못 만나다가 3년 만에 만났다. 윤후가 은둔할 당시에 경제적인 도움을 주고 있던 사람이 아버지였는데 한없이 도움을 받을 수 있는 것도 아니고 은둔을 계속하게 되면 미래는 어떻게 될까를 고민하였기 때문에 이 시기에 셰어하우스를 만난 것은 고통으로부터의 탈출이라고 여겨졌다. 윤후에게는 서울로 올라오게 된 것 자체가 의미가 있다. 삶의 질이 좋아졌고 이제는 수면 위로 올라갈 일만 남았던 것이다. 아버지와

누나를 만나서 대화를 하는 중에 눈물이 났다. 서로 이야기를 하면서 많이 울었다. 괜찮다는 말만 들어도 눈물이 났다. 나중에는 전화로 대화만 해도 눈물이 났다. 셰어하우스에 입주하여 은둔에서 나오게 되면서 지금까지 애써 괜찮다고 말하며 그동안 느꼈던 어려움과 서러움들을 눈물로 표현하고 있다.

서원은 인간관계를 잘하고 싶다는 열망으로 셰어하우스를 찾게 된다. 공동생활을 하게 된다면 자신이 힘들어하는 모임에 나가지 않아도 자연스럽게 인간관계를 형성할 수 있다고 생각했다. 그래서 찾은 곳이 K2 인터내셔널 코리아이고 이곳에서 운영하는 셰어하우스에 들어가려고 알아보고 있었는데 곧 없어진다는 이야기를 듣게 된다. 그는 다시 고민에 빠지게 되었고, 다른 곳을 찾아봐야 한다는 고민을 하다가 K2 인터내셔널 코리아의 팀장으로 있던 분의 조언을 듣고 입주하게 된다. 그분은 한두 달을 살더라도 셰어하우스에 지내는 것이 도움이 될 것이라 하면서 들어오게 된다면 후속조치를 해 주겠다고 조언해 주었다. 그 후속조치는 다른 곳을 연결해 주던지 어떻게든지 다른 후원자를 찾아서 이어 가도록 하겠다는 것이었다. 이 말을 듣고 서원은 셰어하우스에 입주하게 된다.

마냥 문제를 피하려고만 한다면 그 문제가 해결되지 않을 것이고 직면해야 문제가 해결된다고 생각하기 때문에 셰어하우스는 문제를 직면해서 해결하도록 하는 곳이다. 청년들은 은둔의 시간에서 나오기 위한 돌파구로 셰어하우스를 선택했다고 볼 수 있다.

2) 은둔 고수 프로그램

은둔 고수 프로그램은 여러 가지를 지원하고 있으며, 그 지원 중

하나로 은둔 경험이 있는 멘토가 상담을 해 주는 프로그램이 있다. 같은 경험을 가진 멘토가 해 주는 상담이다 보니 내담자의 입장을 충분히 공감하게 되어서 진정성 있는 조언을 해 줄 수 있다는 장점이 있다. 은서에게는 은둔 고수 프로그램의 참여가 은둔에서 벗어나는 계기가 되었다. 멘토와의 상담은 상담 자체로 인한 도움보다 자신의 상황을 이해해 주는 사람과의 만남을 통한 도움이 더 크다. 은서는 은둔 고수 프로그램에 대한 홍보지를 보고 상담을 신청했다. 당시에 그녀는 정신과 진료를 받고 있었는데 선생님과 라포형성이 잘 안 돼서 계속 병원에 다녀야 하나를 망설이고 있었다. 실제 은둔을 경험한 경험자가 상담을 해 준다는 것을 보고 호기심이 생겨서 은둔고수 프로그램을 신청하게 되었다. 그곳에서의 상담은 지금까지 받았던 상담과는 좀 달랐다. 상담 후에도 은둔 고수 프로그램에서 만난 상담사(멘토)와의 사적인 만남이 지속되었다. 프로그램에서 멘토였던 상담사가 다가와 주어서 친한 친구가 된다. 이를 계기로 셰어하우스에도 입주하게 된다.

인수는 2년 동안은 너무 재미있게 은둔을 만끽했지만 은둔의 시간이 2년을 넘어가면서 손해를 본다는 느낌을 갖게 되었다. 국가에서 지원하는 청년을 위한 여러 혜택이 있다는 것을 알게 되었기 때문이다. 자신도 이런 혜택을 받기 위해 은둔에서 나가야 하지 않을까 고민했다. 그러던 중에 온라인에서 만난 사람이 은둔 고수 프로그램에 대해 알려 주어서 여기에 참여하게 되었지만 계속 참여해야 하는지에 대한 고민이 있었다. 너무 오랜 시간 사람들과 관계를 갖지 않았기 때문에 이 프로그램에 참여하는 것이 불편하고 부적절하다는 느낌이 들어서였다. 불편한 마음으로 한 번 나가고 두세 번 안 나가고를 반복했는데 그 프로그램을 총괄하시는 분이 자신의 고민

을 알아보고 다 이해하니까 언제든지 나오고 싶을 때 나오라는 말을
해 주었다. 그때부터는 편하게 가고 싶을 때만 나가게 되었다.

이처럼 프로그램을 진행하는 사람들의 수용적인 태도는 청년들
에게 지속적으로 프로그램에 참석할 수 있는 계기를 만들어 주었다.
은둔 고수 프로그램은 숨을 쉴 수 없어서 숨고 싶었던 청년들에게
숨을 쉬게 해 주었고 그들이 세상으로 나오도록 도와주었다.

13. 고군분투의 시간

여섯 번째 주제는 은둔 기간을 보내면서 은둔으로 인해 놓쳤던 것
들의 회복을 위한 '고군분투의 시간'에 관한 내용이다. 드러난 이야
기는 〈아직도 어려운 관계〉〈잘하는 것 해 보기〉〈만나게 된 걸림
돌〉이다. 사회로 복귀는 했으나 오랫동안 은둔의 시간을 보내면서
관계에 대한 감각도 떨어지고 연습도 부족해서 관계를 잘 맺는 것은
여전히 어려운 숙제이다.

은둔을 경험한 청년들은 은둔으로 돌아가지 않기 위해 관계에 대
한 숙제를 앞에 두고 예전에 잘했던 것들을 기억해서 해 보기도 한
다. 그리고 이전 같으면 벌써 포기했을 것 같은 일들도 열심히 하면
서 인간관계에 대한 불안을 극복하려고 한다. 은둔으로 중단되었던
학업을 다시 시작하기도 하는 등 사회적응을 위해 온갖 노력을 하게
된다.

그러다 사회와 주변 사람들의 판단이라는 걸림돌을 만나게 된다.
이러한 상황은 청년기에 갖게 되는 미래에 대한 불안을 가중시킨다.
그래서 사회의 역할이 중요하다. 이들이 은둔으로 들어가게 된 것에

사회의 책임이 없다고 볼 수 없기 때문이다. 아르바이트를 하려고 사회의 문을 두드렸지만 이제까지 무엇을 하다 왔냐는 차가운 말을 듣게 되는 것은 매우 잘못된 사회의 단상 중 하나이다. 가족들로부터 공부를 잘해야만 인정받고 사랑한다는 피드백을 받으면서 그렇지 못한 상황이 되었을 때는 절망감을 느끼게도 된다. 이처럼 고군분투의 시간은 다시 새롭게 시작해야 하는 사회생활에서 살아 내기 위해 안간힘을 쓰는 청년들이 쉽지는 않지만 살아 내려는 과정을 나타내고 있다.

1) 아직도 어려운 관계

셰어하우스에서의 생활은 활력을 되살려 주면서 사회 적응력을 높여 주기는 하지만 은둔 전에도 관계의 어려움을 겪었고 은둔 중에는 관계라는 것이 거의 없었기 때문에 청년들은 여전히 대인관계의 어려움을 호소하고 있다. 청년들은 은둔하는 동안 혼자 사는 것이 익숙해져 있기 때문에 셰어하우스에서의 생활은 여러 가지를 의식하게 된다. 사소한 일들이지만 누군가를 신경 써야 하고 행동에 작은 제재를 받게 되는 것조차도 힘들다. 특히 여러 프로그램에 참여하게 되었을 때 불가피하게 다른 사람들과 만나게 되면서 발생하게 되는 것들이 그런 것이다.

인수는 자신의 이미지를 좋게 보이기 위해서 관계를 잘하고 싶으나 여전히 신경 쓰이고 힘들다. 대화를 할 때 어떻게 대답을 해야 할지를 고민하게 되고, 어떤 주제로 언제까지 그리고 어디까지를 이야기해야 하는지가 혼란스럽기도 하다. 예를 들어, 영화에 대해 이야기한다고 했을 때 어느 정도의 선까지 이야기해야 하는지를 고민한다. 자신은 '영화'라는 주제를 가지고 이야기를 하게 되면 얼마든지 오래 할 수 있으나 자신이 너무 길게 이야기를 하면 상대가 지루해할 수도 있다고 생각하기 때문에 그렇다.

정희는 은둔에서 벗어나면서 사람에 대해 좋은 감정을 느끼게 된다. 은둔하기 전에는 다른 사람에게 먼저 연락하는 일이 거의 없었는데 은둔을 지나면서는 사람이 귀하다는 것을 알게 되어서 연락도 먼저 하려고 하고 친한 사람을 만들고 싶다는 생각이 들기도 한다. 가끔은 거절감을 느끼게 될 때가 있는데 그런 감정을 느끼게 되면 여전히 힘들고 어렵다. 그럼에도 거절에 굴하지 않으려고 노력을 하고 있고, 이제는 먼저 다가서는 것이 그다지 어렵지 않다.

은서와 재진이도 여전히 관계를 위해서 대화를 하는 것이 어렵다고 말하고 있었다. 은서는 아직도 대인기피가 있다고 한다. 사람들과 스몰토크로 소통하는 것이 어렵다. 일할 때도 업무에 관련된 이야기하는 것은 괜찮은데 일상의 이야기를 하는 것이 힘들다. 다른 사람들의 이야기에 어떻게 반응할지도 모르겠고, 자신의 이야기를 잘 안 하고 싶어서 그런지는 모르겠지만 다른 사람들과 이야기를 이어 가는 것이 어렵다.

재진이는 다른 사람들과 말하는 것이 원활하지 못하다고 말을 꺼낸다. 자신의 과거에 후회되는 부분들을 생각하면서 부끄럽다는 생각도 잘한다. 다른 사람과 말을 하면 나중에 후회를 많이 하게 된다. 반면에 행동하는 것은 잘한다. 누군가를 툭 치거나 그런 것들은 비교적 가볍게 느껴지는데 캠프에 참여하는 것은 많이 부담스럽다. 특히 연극과 같은 것을 하라고 하면 불편해진다.

사라와 서원은 많은 사람이 모여 있는 상황이 아직도 힘들 때가 있다. 달라진 것은 그 상황을 극복하려는 의지이다. 당장 원치 않는 상황을 만나면 힘들어서 피하면 좋겠다는 마음이 드는 것은 사실이지만 그래도 그 상황을 직면해서 해결하려 한다. 이미 형성되어 있는 관계에 대한 내적 작동 모델은 과거의 관계에 대한 안 좋은 기억을 떠오르게 하면서 관계의 어려움이 계속되도록 만들기도 한다. 그러나 이는 안전한 대상과의 관계의 재경험을 통해서 극복해 나갈 수 있는 문제이기도 하다.

사라는 사단법인 행복공장이라는 곳에서 진행하는 캠프에 참여할 기회가 있었다. 30명 정도 모여 있었는데 갑자기 우울해지기 시작하고 기분이 안 좋아져서 활동을 못했다. 그녀는 동서울터미널에서 겪었던 일에 대해서도 이야기한다. 터미널에 있는 수많은 사람을 보면서 순간적으로 등에 소름이 돋고 식은땀이 나면서 화장실에 숨었다고 한다. 여전히 관계는 힘들고 어렵지만 그리고 나가서 다니는 것조차도 힘들지라도 그녀에게서 극복하고자 하는 의지를 볼 수 있었다.

서원이는 일대일로 만날 때는 괜찮은데 여러 명이 집단으로 함께 있을 때는 힘들어한다. 자신이 다수와 잘 섞이지 못하는 것 같고 소외감이 드는 것에 대한 두려움이 있다. 아마도 과거에 집단에서 받았던 왕따의 경험이 그렇게 만드는 것 같다. 이제는 그것을 자신이 해결해 나가야 될 문제라고 인식하고 지금도 과거에 느꼈던 두려움을 갖고는 있으나 이를 극복하려는 의지 역시 갖고 있다.

어렸을 때부터 가족들의 눈치를 보는 습관이 있는 윤후는 착하고 배려심 있다는 평가를 들으면서 살았던 내성적인 성향 때문에 아직도 관계를 잘하는 것은 힘들게 느껴진다. 그래도 윤후는 사회생활에서 잘 지내 보려고 노력하고 있다. 이를 위해 윤후는 솔직하게 표현하는 것을 해 보려고 한다. 유연하게 생각해야 한다고 자신에게 주입을 시키고 있으며 메모를 통해서 상황을 비관적으로 보지 않으려 한다. 일을 너무 부풀려서 보지 않으려고 하고, 그렇게 자신이 해야 할 일을 정리하려고 노력한다. 혼자 있을 때는 괜찮은데 다른 사람과 있으면 뭔가 말을 해야 할 것 같은 부담감을 느낀다. 자신은 말수가 없기도 하고 말하는 것 자체에 대한 부담감이 있기 때문이다. 그냥 가만히 있고 싶은데 자신이 이렇게 있어도 되는지, 혹은 말이라도 걸어야 하는지에 대해 고민을 하게 된다. 윤후는 억지로라도 사회성을 키워야 한다는 생각을 하고 있다.

윤재는 사회생활을 잘하기 위해 자신이 극복해야 하는 것이 무엇인지를 고민하고 있었다. 왜냐면 사회생활을 하는 법을 잘 모르겠다고 느끼기 때문이다. 사회생활을 하려면 간단한 대화가 오가면서 이야기를 나눌 수 있어야 한다. 궁금한 점을 물어보기도 하고 대답하기도 하면서 대화를 이끌어 가야 하는데 그것이 힘들다. 지금까지 별로 그런 생각을 안 하고 있었기 때문에 사회생활 자체가 불편하다고 느껴진다. 스스로 극복하려고 노력하고 있는 것은 실수를 두 번 반복하지 말자는 것이다.

인수는 고등학교 때에 게임 아이템을 주고받으며 생긴 친구에 대한 실망 때문에 사람에 대한 신뢰도가 떨어진 것이 관계를 잘하지 못하게 된 원인이라고 한다. 그리고 가족의 영향으로 자신이 소심해지고 내성적인 성향이 되었다고 말한다. 아버지의 폭력이 자신을 당당하게 말할 수 없게 하는 요인이 되었다는 것이다. 정리하자면 소심하고 내성적인 것은 아버지가 자신에게 행한 폭력의 영향인 것 같고, 관계를 잘 맺지 못하는 것은 친구들의 영향이 큰 것 같다는 것이다. 그는 스피치 강의를 들으면서 사람들과 소통하는 방법을 고민 중이다. 강의를 듣기도 하지만 이제는 먼저 말을 걸어보려고 노력하기도 한다. 그래서 사람들이 많이 참여하는 프로그램에 최대한 많이 참석해 보려고 하고 여러 센터에 가서 많은 사람을 만나 보면서 사람을 대하는 훈련을 하려고 한다. 그렇게 하면서 다양한 사람을 경험하게 되었고 사람의 특성에 따라 어떻게 대해야 하는지에 대해 배우고 있다.

초희는 대인관계의 어려움이 있는 것은 자신이 은둔할 때의 시간에 멈춰 있어서라고 한다. 아무래도 은둔한 기간 동안에는 대인관계를 맺지 못했으니까 그럴 수밖에 없다고 생각하는 것이다. 여러 가지 면에서 부족할 수밖에 없는 것이 은둔의 기간에 소통하지 못하고 지냈기 때문에 나이에 맞게 가지고 있어야 할 상식이나 기준과 같은 것들이 많이 부족하다고 느낀다. 취직을 하려고 해도 경력이 없으면 어려운 것처럼 자신이 다른 사람과는 여러 면에서 다르기 때문에 대화를 하는 것에 부족함을 느낄 수밖에 없다고 여긴다. 이처럼 청년들은 은둔 기간 전에도 관계의 어려움을 호소했었고, 은둔 기간을 지나면서도 여전히 관계가 어렵지만 이를 극복하기 위해 노력하겠다는 의지가 있어서 관계가 개선되고 있다.

2) 잘하는 것 해 보기

은둔의 시간으로부터 나오게 된 후에는 사회에서 살아가기 위해서 노력해야만 한다. 사회생활을 하려 하면 사회에서 주어진 역할을 감당해야 하는데 그 역할을 감당하기 위해서는 지식과 경험이 필요하다. 이를 위해서 청년들은 중단되었던 학업을 어떻게 이어 가야 하는지, 앞으로의 진로는 어떻게 준비해야 하는지에 대한 고민이 있다.

정희는 은둔 기간에 가끔 찾아와 주는 친구가 있었다. 그 친구 때

문에 놀이동산에 가 보기도 하는 등 가끔씩 외출도 했었다. 그러다
가 20대가 되어서 친구들이 대부분 대학에 들어가게 되자 당시 학력
이 초등학교 졸업인 자신이 한없이 초라하게 느껴졌다. 초라해진 자
신의 모습으로 인해 자존감이 떨어지고 열등감이 심해지면서 핸드
폰 번호를 바꾸고 잠수하게 된 경험이 있다.

그런 기억의 영향인지 무엇인가를 할 힘이 생겼을 때 검정고시를
준비하게 된다. 상반기에 종졸 검정고시를 보고 하반기에 고졸 검정
고시를 치르면서 합격이라는 성취감을 느끼게 되었고, 그것은 그녀
에게 좋았던 기억이 된다. 중학교 검정고시는 독학을 하면서 입원
중인 병동의 주치의 선생님의 도움을 받았는데 그 덕분에 점수가 높
게 나올 수 있었다. 그리고 고등학교 검정고시도 학원에 다니며 공
부해서 높은 점수를 얻게 된다. 누군가에게는 매우 쉬운 것일 수 있
지만 정희에게는 오랜만의 도전과 성취여서 이것이 그녀에게는 큰
기쁨이었다.

그런 경험이 반복되면서 더 빠른 회복을 하게 되고, 여러 가지 도
전을 통해 사회에서 할 수 있는 영역이 점점 더 넓어진다. 정희는 자
신이 회복탄력성이 좋은 편이라 표현한다. 회복을 위해서 혼자 외출
도 많이 하고, 코인 노래방에도 가 보고, 마트도 가 보고, 식당에서
주문도 해 보고, 키오스크도 써 보면서 재사회화를 꾸준히 준비했
다. 그러다가 개방 병동으로 내려가게 되었고, 그곳은 자유 외출이
허용되었기 때문에 더 자주 나가고 혼자서도 여러 가지로 많은 일을
했던 기억이 있다.

사라도 계속 도전을 한다. 대학에서 학점 은행제로 공부해서 사회
복지학과에서 1학기를 끝냈고, 맞춤형 화장품 조제 관리사라는 자
격증을 따기 위해 2년 전부터 준비해서 얼마 전에 통과했다. 이후 시

즈라는 사단법인에서 모집하는 투더 서포터즈라는 일자리를 체험할 수 있는 곳에서 사람을 모집했는데 그곳에 지원하여 붙으면서 일을 체험하는 기회가 생겼다.

서원은 은둔의 시간으로 돌아가지 않기 위해 잘할 수 있는 것은 무엇이든지 적극적으로 하려 한다. 은둔의 시간이 자신의 인생의 바닥이었다고 말하며 다시는 돌아가지 않기 위해서 뭐든 하려 한다. 예전에는 참석하지 않으려 했던 곳도 웬만하면 참여하려고 하고 어떻게 해서든지 자신을 노출시키려고 한다. 전에는 인간관계로 고민이 많았기 때문에 사람을 사귀고 싶은 마음이 있어도 무서워서 못 갔는데 이제는 바닥을 찍고 나니까 그런 두려움이 많이 없어졌다. 관계의 두려움을 완전히 극복했다고 말할 수는 없지만 그런 두려움을 벗어나려고 노력하고 있으며 어느 정도는 극복했다. 서원이가 은둔 경험을 한 청년들의 목소리를 듣고자 한 인터뷰에 참여하게 된 계기도 할 수 있는 일은 무엇이든지 경험하고자 했기 때문이었다. 안 무서운 회사의 대표가 연구든 인터뷰든 참여하라고 말하면서 세상을 사는 동안에 그렇게 자신의 이야기에 귀 기울여 주는 경우가 없을 것이라 하며 참석을 권했다. 서원이도 자신의 이야기를 자꾸 하다 보니까 하면 할수록 정리가 돼서 자신을 잘 알게 되었다는 것을 발견한다. 처음에는 상대방이 원해서 응해 주는 것이라 여겼는데 지금은 그런 시간이 자신에게도 유익이라는 것을 알게 되었다.

3) 만나게 된 걸림돌

은둔의 시간을 보내고 나오면 사회에서 생활을 해야 한다. 그러나 사회가 항상 은둔을 경험한 청년들을 따뜻하게 맞아 주는 것은 아니다. 오히려 걸림돌이 되기도 한다. 청년들이 은둔을 경험한 후에 마주친 사회는 이들에게는 당황함을 느끼게 하기에 충분했다. 아르바이트 면접의 현장에서 지금까지 무엇을 하다가 이제야 왔냐는 비난을 들어야 했고, 어쩌다 얻게 된 직장생활은 어렵고 힘들기만 했다. 게다가 우리나라처럼 경력과 스펙이라는 것을 중요하게 여기는 나라에서 아무것도 하지 않았던 공백기는 이해하기 어려운 부분일 것이다. 사회는 은둔으로 인해 생긴 공백기를 인정해 주지 않았다.

초희는 지방에서 부모와 지내다가 동생이 대학교에 진학하면서 함께 서울로 올라와서 지내게 되었다. 처음 5년은 아무것도 안 하고 정신과 치료만 받았는데 우울증이 많이 좋아지면서 아르바이트라도 해야겠다는 생각이 들었다. 그러나 28세에 고졸이고 그동안 한 것이 아무것도 없다는 현실이 힘들게 느껴졌다. 가까스로 용기를 내서 아르바이트 자리에 넣었는데 사장이 자신이 무서워했던 말을 한다. 지금 그 나이까지 뭐 하고 있다가 지원했냐며 아르바이트 할 나이가 아니지 않느냐는 질문을 들었다. 물론 맞는 말이지만 자신에게는 너무 견디기 힘든 말이었다.

윤재는 은둔으로 인한 공백기에 대해 미국의 경우는 공백기에 대해 물어보긴 하지만 이에 대한 설명을 하게 되면 그것을 이해하고 인정하는 분위기라고 들었다며 우리나라는 공백기에 그저 쉬었다고 말하면 오히려 특이사항으로 적는 것을 보면서 힘들었다고 한다. 윤후는 어렵게 얻은 직장에서 무엇을 해야 할지 몰랐다는 표현을 할 정도로 직장에서의 배려가 없었다. 사람들과 잘 어울리지도 못했고, 뭘 해야 할지도 몰라서 책상에 대기하고 있는 시간이 너무 많았다. 그러다가 계약이 종료되어서 그만두게 된다.

물론 회사가 일하는 곳이지 무슨 자선단체냐고 말할 수도 있겠지만 은둔을 경험한 청년에 대한 최소한의 배려는 있어야 하지 않을까 싶다. 청년기의 심리사회발달적 측면에서 그들은 친밀감을 느끼지 못하고 고립을 선택했다. 그래서 그들은 많은 시간의 공백기를 가지고 있다. 관계도 그 시간 동안은 정체되었다. 관계에 대한 불안을 극복하도록 청년기에 느낄 수 있는 불안정함에 대한 배려가 있었다면 회사생활에 적응하는 것이 한결 수월했을 것이다.

서원은 사회에서 직접 느낀 것은 아니었으나 가족으로부터 공부를 잘해야 성공한다는 압박을 어려서부터 받아 왔다. 서원의 외할머니는 공부를 잘해야 성공한다고 말하시는 분이었다. 그녀는 자녀들에게도 엄청 공부를 강조했었고, 잘 못하면 때리기도 했는데 서원이의 어머니는 그러한 외할머니에게 충족되지 못한 딸이었다. 서원의 외할머니는 지금도 어머니나 아버지를 탐탁지 않게 대하신다. 공부를 잘 했다면 더 나은 삶을 살았을 것이라 믿기 때문이다. 반면, 어머니의 오빠는 엘리트 코스를 밟았기 때문에 외할머니도 그에 대해서는 만족하였다고 한다. 서원이의 삼촌의 자녀들도 공부를 잘했고, 그러다 보니 편애가 심하였으며 서원에게도 그런 것들이 영향을 주어서 뭔가를 너무 열심히 해야 한다는 생각으로 살고 있는 것이라고 상담사가 이야기를 해 주었다고 한다. 자신은 어려서부터 욕심이 많았으며 잘되고 싶다는 욕심이 많았다. 그래서 공부를 열심히 하면서 공부를 안 하는 사람들에게 우월감을 느끼기도 했다. 그런데 지금의 상황은 자신이 뒤처지는 상황이다 보니 불안감이 너무 심해지면서 이러한 상황을 못 견디게 된 것이다. 서원이가 받은 이러한 압박은 가족들이 행사하기는 하지만 그 가족들 또한 사회로부터 영향을 받은 것이다.

사회에서 우리 모두에게 주고 있는 메시지도 이와 같다. 모든 성공의 기준은 공부를 잘하는 것이고 좋은 대학과 좋은 직장을 얻어야 성공한 삶이라는 것이다. 그러한 사회의 시각이 이들이 은둔의 시간을 보낸 후 사회에서 한 명의 사회 구성원으로 기능하려고 할 때 걸림돌이 되는 것으로 나타난다. 이러한 압박은 이들에게 거짓자기로 살도록 종용했다. 자신의 참자기로 살아 내지 못하면서 우울감을 느끼게 되고 힘든 삶을 살게 되었다.

14. 경험으로 얻은 것

일곱 번째 주제인 '경험으로 얻은 것'은 은둔을 경험한 청년들이 은둔의 시간을 통해 얻게 된 유익에 관한 내용이다. 은둔의 시간은 어둡고 긴 터널을 지나는 시간이었다. 그것은 너무 길고 어두워서 아무것도 볼 수 없고, 어디까지 왔는지도 알 수 없는 암흑의 시간이었다. 그러나 역설적으로 칠흑같이 어두운 터널 속에서는 아주 작은 빛도 너무 잘 보이게 된다. 그 빛을 향하면서 겨우 긴 터널을 빠져나오게 된다. 그리고 나니 어두워서 볼 수 없었던 것들이 보이기 시작한다. 안 보이던 것이 보이기 시작하고 어둠에 있는 동안에는 볼 수 없었던 자신을 볼 수 있게 된다. 이처럼 철저하게 혼자가 되었던 시간은 그 시간을 통해서 자신을 알게 되는 시간이었고, 철저히 외면해 보기도 했던 가족이나 다른 사람을 이해하는 과정이었음을 알게 된다.

은둔하기 전에는 원래의 자신보다 강하게 보이도록 노력하기도 하고, 애써 괜찮다고 말해보기도 했었다. 어쩌면 괜찮지 않다는 것을 알아차리면 고통이 느껴질 것이 두려워서 애써 부인하고 있었는지 모르겠다. 하지만 이제는 강한 척하지 않아도 괜찮다. 괜찮다고 말하지 않아도 괜찮다는 것을 알게 된다. 자신을 그렇게 보이고 싶었고 그렇게 느껴지게 하고 싶었던 것이 허상이었음을 깨달았기 때문이다. 이제 더 이상 거짓자기의 모습으로 살지 않아도 된다고 느꼈기 때문이다. 그래서 이제는 왜 강하게 보이려 했고, 왜 괜찮다고 말해야만 했는지에 대한 답을 얻으려는 노력보다 그대로의 자신을 받아들이기로 했다. 이는 자신과의 관계에서의 화해를 의미한다. 자기 자신을 수용하게 됐다는 것이다. 그러고 나니 다른 사람들도 보이고 이해가 시작된다. 두 가지 드러난 이야기는 〈자신에 대한 이해〉〈넓어진 이해의 폭〉이고, 이는 은둔의 시간을 보낸 후 자신을 돌아보면서 그 경험으로 인해 얻은 유익이다.

1) 자신에 대한 이해

은둔의 경험을 통해서 자신을 이해하기 시작한다. 자신이 어떤 느낌으로 살고 있는지 혹은 어떤 감정을 느끼고 있는지에 대해 자각한다. 살아왔던 시간들에 대한 통찰력이 생기기도 하고 이전에는 느끼지 못했던 주변의 환경을 통해 받았던 상처를 알게 된다. 그러나 상처에 대해 아파하는 것이 아니라 자신을 이해하고 받아들이는 과정을 나타내고 있다. 이는 자신과의 관계에서의 회복을 의미한다.

혜원은 부모의 돌봄을 받지 못했기 때문에 자신을 소중히 여기는 것이 어떤 것인지 몰랐고, 그런 이유로 무기력에 빠지기도 했었다. 그래서 한때 자신에게 힘을 준다고 생각했던 연기를 공부했지만 결국 포기하게 된 것은 자신의 감정을 제대로 표현하는 것이 서툴다는 것을 깨달았기 때문이다. 그러나 은둔 경험으로 자신에게 필요한 것이 자기 자신을 받아들이는 것이라는 것을 깨닫게 된 후로는 그러한 자신의 상태를 인정하고 소중하게 여기고 있다. 혜원은 자신에 대한 부적절한 감정을 느끼지 않기 위해 자존감과 회복탄력성을 높여야 한다는 것을 알고 있다. 이를 위해 일기를 쓰기도 하고 스스로 질문도 하면서 자기를 알아 가는 시간을 보내고 있다. 일기를 쓰면서 좋아진 점은 이전에는 자신의 감정을 모르고 살았는데 조금은 자각하게 된 것이다. 지금은 자신에게 아버지의 폭력으로부터 자신을 지켜 주지 못한 것에 대해 사과하며 자신을 돌보려 노력한다. 혜원은 자신을 돌볼 수 있게 된 것이 경험이 갖는 유의미한 점이라고 한다. 이러한 것들을 통해서 은둔 경험에 대한 의미를 되새기고 있는 것이다. 이처럼 자신에 대한 앎의 시간을 통해서 자기 자신과의 관계가 회복되기도 한다.

　정희도 자신이 특별하지 않음을 인정하고 난 후 일상의 삶이 더욱 편해졌다. 자신이 특별한 사람이라 믿고 있던 때가 있었다. 다른 친구들이 자신보다 잘 지내고 있다는 이야기를 듣게 되면 은둔의 시간을 보내고 있는 자신이 초라하게 느껴지고 자존감도 떨어졌다. 그래서 가끔씩 찾아오는 친구도 만나지 않기 위해 잠수를 타기도 했다. 자신이 특출한 사람이어야 하는데 현재의 모습은 초등학교 졸업에 방구석에 처박혀 있는 사람이라는 것에서 오는 괴리감으로 좌절감, 열등감, 자격지심이 너무 심했다. 그러한 감정들은 자아 정체감의 불안정을 가져왔고, 고립으로 가게 되었다. 그러나 자신이 평범한 사람이라는 것을 인정하게 되면서부터는 편한 마음을 갖게 된다. 자신을 돌아보면서 성찰이 이루어지고 내면에 대한 통찰이 생긴다. 아버지에 대해서도 객관적인 판단을 할 수 있게 되었고, 한 사람으로서 이해를 하게 된다. 그러나 은둔의 경험으로 인해 내면을 통찰하게 되었고 은둔으로 인해 겪어야 했던 일들을 이해하게 되기는 했어도 그 대가는 너무 큰 것이었다고 말한다.

아버지에 대한 기억을 애써 괜찮다고 생각하던 사라는 아버지의 폭력을 겪은 자신이 괜찮지 않다는 것을 깨닫게 되었다. 가족으로부터의 그러한 폭력이 자기를 얼마나 아프게 만들었는지를 깨달았다고 한다. 처음 정신분석으로 상담을 받으면서 상담사에게 아버지를 용서했다고 말했으나 상담사는 사라에게 괜찮지 않다고 계속 말해주었다. 자신의 감정에 대해 솔직하게 알아야 한다고 했다. 그런데 그녀는 정말 그래야 한다는 것을 몰랐다. 자신이 진짜 괜찮은 줄 알았기 때문이다. 그러다 어느 날 캠프에 참여해서 시간을 보내던 중에 혼자서 온전히 자신에 대해 생각하는 시간을 보내게 된다. 이러한 자신과의 대면의 시간을 보내게 되면서 자기 자신과의 관계를 다시 점검하게 되었다. 그 시간을 통해서 자신이 괜찮지 않다는 것을 깨달았다. 자신이 괜찮지 않다는 깨달음을 통해 자기에 대해 알아가는 시간을 보내게 된다. 자신에게 나타나는 증상들이 왜 그런지에 대한 인식이 일어난 것이다.

인수도 은둔의 시간이 자신이 처한 상황에 대해 알게 되는 시간이었다. 그뿐 아니라 지식과 정보도 더 많아졌다고 한다. 자신은 방송을 하기 때문에 은둔의 시간 중에 봤던 애니메이션, 영화, 드라마, 유튜브 등이 사람들과 소통하며 관련 분야의 이야기가 나왔을 때 콘텐츠가 되기도 한다. 온라인에서 만났던 사람들과도 계속 연락이 이루어지고 있다. 그 사람들과는 끝까지 함께 갈 것 같아서 그와 함께 평생을 함께할 수 있는 사람을 얻게 된 것이 경험의 의미라고 한다.

윤재가 말하는 경험의 의미도 그 시기가 자신에 대해 되돌아보는 소중한 시간이었다는 것이다. 누군가가 말한 것처럼 은둔의 시간은 나비가 되기 위한 애벌레의 기다림의 시간이라고 한다. 현재는 어둡지만 이 어둠의 시간이 곧 세상에 나가서 날갯짓을 하기 위해 준비하는 시간이라고 말하는 것에 공감한다. 자신도 그런 시간을 보냈다는 것이다. 과거의 자신을 돌아보고 그 시기의 삶이 무엇을 위한 삶이었는지를 점검하면서 날갯짓을 위한 준비를 했다.

초희는 은둔 경험으로 인해 개인적인 통찰력을 가지게 된다. 처음에는 은둔해야 했던 것이 자신이 남들보다 예민하고 게으르고 의지가 약해서라 생각했다. 그런 생각을 한 이유는 다른 사람이 다 잘하는 것을 자신이 못하는 것이 우울증 때문이라고 인식하지 못했기 때문이다. 그녀는 은둔의 시간을 통해서 계속 의문을 가지고 질문을 했다. 왜 자신이 힘든지, 아버지는 왜 그런 행동을 했는지, 이런 생각들을 가지고 꼬리에 꼬리를 물면서 질문했다. 그 질문은 부정적인 생각을 할 때는 안 좋은 영향을 끼치는데 우울증이 치료되면서는 긍정적인 쪽으로 발현되었고 탐구나 통찰의 능력이 되었다. 한편으로는 같은 경험을 가지고 있는 사람들의 이야기를 들으면서 자신보다 더 힘든 경우가 있다는 것도 알게 되었다. 이 모든 상황이 자신들만의 잘못은 아니라는 생각이 들면서 조금씩 의욕이 생겨남을 느끼게 되었다. 무엇보다 자신들만의 잘못으로 은둔으로 간 것이 아니라는 생각은 은둔의 책임을 자신에게 두고 괴로워하던 것으로부터 자유로움을 느끼게 해 주었다. 초희는 아버지의 끊임없이 자신의 잘못을 확인해 주는 이야기들이 힘들었다. 가령 어렸을 때 자신이 거짓말을 했다는 등의 작게 실수한 내용에 대한 것들을 반복해서 듣는 것이 힘들었다. 게으르고 의지가 없어서 학교에 못 가고 있는 것이라는 말을 듣는다거나 잘하고 있는 남들과 비교하는 말을 들으면서 자신이 뭔가 잘못한 것이라는 생각을 많이 했다. 그러나 은둔의 시간을 보내면서 자신의 생각이 옳지 않다는 것을 깨달았다. 원인의 많은 부분이 외부로부터 온 것임을 알게 되었기 때문이다.

우리는 우리에게 중요한 양육자와의 상호작용에서 자기와 타인과의 관계를 내면화하게 된다. 주변의 대상과 관계를 맺고 있는 자기 자신에 대해 이미지와 형태로 그 관계를 마음에 내면화하게 된다(장정은, 2021). 아버지라는 대상과의 경험에서 실제와는 다른 부정적인 메시지를 계속 청년들이 받게 되었을 때 부정적으로 형성된 관계의 내면화로 인해 어려움을 느끼게 되는 것으로 나타났다.

2) 넓어진 이해의 폭

사람들이 경험의 중요성에 대해 하는 말로 "도둑질 말고는 모든 일을 경험해 봐야 한다."라는 말이 있다. 여러 경험을 통해서 예기치 못한 상황이 닥쳤을 때 그 상황을 이해할 수 있는 통찰력을 갖게 되기 때문이다. 청년들은 은둔의 경험이 다른 사람에 대한 이해의 폭을 넓혀 주었다고 말한다.

정희는 사회에 필요한 사람이라는 인식이 자신에게 생긴 것이 기쁘다. 그러한 인식은 다른 사람들에게도 적용이 된다. 어렸을 때는 세상이 너무 만만하게 보여서 자신이 대학 입학을 앞두곤 당연히 명문대학에 다니게 될 것이고 대학 졸업 후에는 좋은 곳에 취직할 것이며 그 결과로 무엇이든지 잘하고 잘난 사람으로 살 수 있을 것이라고 여겼다. 그런데 지금은 사소하고 작은 일을 하는 사람도 귀하게 여기게 되었다. 작은 곳에서 작은 일을 하는 사람이라 하더라도 그 사람의 역할이 없으면 세상이 돌아가지 않는다는 것을 깨달았기 때문이다. 이것은 정희에게도 적용된다. 자신이 뛰어나고 특별한 사람이 아닌 평범한 사람이지만 사회에 필요한 사람이라는 것으로 사고를 전환하고는 인생이 즐거워졌다. 오히려 작은 것에 행복을 느끼게 되고 작은 일들을 사람들과 함께 하면서 행복해진다. 이처럼 소소한 일상에서 행복감을 느낄 수 있다는 것을 알게 되면서 자신도 행복해질 가치가 있음을 깨닫게 된 것이다.

초희는 자신이 타인에 대해 통찰력을 갖게 된 것은 은둔 경험을 통해 얻은 것이라고 말한다. 타인에 대해 함부로 평가하는 시선이 없어졌다. 자신도 바닥을 쳐 봤으니까 이제는 이해가 안 되는 상황도 사람도 없다. 누군가 지하철에서 막 소리를 지르더라도 저 사람에게 무슨 사정이 있겠지 이렇게 생각하는 자신을 보게 된다. 이렇듯 다른 사람에게 어떤 편견을 가지지 않고 볼 수 있게 된 것이 경험이 주는 유익이라 할 수 있다.

서원이도 자신이 은둔을 경험하지 못했다면 은둔한 사람에 대해 이해하지 못했을 것이라 한다. 단지 그들이 게으르기 때문에 은둔을 했을 것이라 생각했을 것이다. 그렇지만 자신이 경험을 해 봤기 때문에 각자만의 사정이 있을 것이고 벗어나고 싶지만 그것이 쉽지 않다는 것을 알게 된 것이다. 이처럼 시야가 예전보다는 넓어졌다. 은둔 경험을 통해 타인에 대해 이해하고자 하는 마음을 갖게 된 것이 크다.

15. 은둔 청년에게 해 주고 싶은 말

마지막 여덟 번째 주제는 은둔 중인 청년에게 해 주고 싶은 말이다. 은둔을 경험한 청년들이 은둔에서 세상으로 나오고 싶었지만 나올 수 없었던 시간을 겪으면서 느꼈던 안타까운 마음이 온전히 나타나 있다. 드러난 이야기는 〈은둔에서 나오기 위해〉〈도움을 요청하기〉이다. 그들은 지금 은둔 중인 청년들에게 은둔에서 나오기 위해 충분히 은둔의 시간을 가지라고 한다. 초조하게 조바심으로 시간을 보내지 말고 비록 여유가 있을 수는 없겠지만 마음 편하게 지금의 시간을 즐기라고 말한다. 오히려 은둔에서 안 나와도 된다고 여기면서까지 그 시간을 만끽하라는 것이다. 그런 시간을 충분히 보낸 후에 세상으로 나오려고만 한다면 언제든지 기다리고 있는 사람들이 있으니 안심하고 지내라는 메시지를 준다. 그리고 결국 자신을 구원해 줄 사람은 자기 자신임을 믿고 마음을 잘 다스리면서 지내라고 한다.

그런 후에 이제 나와야겠다는 결심이 조금이라도 든다면 도움을 요청해야 한다. 수치스럽다고 느끼는 부분이 있더라도 그 수치스러움을 이겨 내고 도움을 요청하면 누군가 들어줄 것을 기억하라고 하면서 함께 이겨 낼 사람을 찾아야 한다고 말한다. 혹시라도 다른 사람들을 힘들게 하면 안 되겠다는 생각으로 말하지 못하면 누구도 도움을 줄 수 없으니 자신의 어려움을 호소해야 하고 그럼으로써 자신에게 닥친 문제에 직면해야 한다.

이를 위해서는 은둔의 시간을 보내고 있는 사람이 도움을 청할 수 있는 곳이 늘어나야 하고 다시 은둔으로 돌아갈 수 있는 요인을 극복하고 사회에서의 적응력을 키울 수 있도록 도움을 줄 수 있는 기관이 필요해 보인다.

1) 은둔에서 나오기 위해

은둔을 경험한 청년들은 은둔 중에 있는 청년들에게 은둔으로부터 탈출하기 위해서 너무 애를 쓰지는 말고 오히려 충분히 이 시간을 즐겨야 한다고 말한다. 이 말은 혼자 있는 것이 질릴 때까지 있어 보는 것이 좋겠다는 말이다. 인수가 그런 경우이다. 3년의 은둔의 시간을 보내는 동안, 처음 2년 이후 남은 1년은 너무 지루했다. 결국 밖으로 나가지 않고 집에만 있으면 손해라는 느낌이 들기 시작했고, 국가에서 청년들에게 주는 혜택들을 자신만 못 받고 있다는 생각에 이제는 나가도 되지 않을까를 고민하게 된다. 그렇기에 상황을 초조하게 생각하지 말고 오히려 느긋하게 바라봐도 괜찮겠다는 것이다. 그러다가 나오고 싶으면 처음에는 커뮤니티에 가입해서 자신의 이야기를 하면서 공감도 받고 하다 보면 원하는 관심 분야가 생길 거라는 것이다.

서원은 자신을 구원할 사람은 자신 밖에 없으니 나가겠다는 결심을 하게 되는 의지가 중요하다면서 무엇이든 할 수 있다는 믿음을 가지라고 한다. 은둔에서 나가는 것은 누가 나오라고 해서 나가지는 것이 아니다. 자신이 나가야겠다는 결심을 해야 나갈 수 있기 때문에 자신의 의지가 가장 중요하다. 처음 은둔에서 나가려고 할 때 해낼 수 있을까라는 불안감으로 힘들 수 있지만 자신의 경험상으로 보더라도 다 해내게 되더라는 것이다. 서원이가 경험한 것은 자신보다 더 은둔에서 나오기 힘들었던 사람도 나와서 잘 생활하고 있다는 것이다. 그러니 다시 일상을 살 수 있다는 믿음을 가지고 은둔을 끝내고자 마음을 먹는 순간 첫 발을 떼는 것이고, 결국은 은둔을 끝낼 수 있다는 것이다. 그 후는 다시 시작하면 된다.

서원이가 했던 말처럼 은서도 언니에게 주는 말은 다음과 같다. 일상생활을 할 수 있다는 믿음을 가지면서 은둔을 끝내고자 마음먹으면 끝이 있고 끝이 있으면 다시 시작하면 된다. 그녀는 자신이 먼저 은둔으로부터 나왔으니 언니를 은둔 상태에서 벗어나게 하려고 이것저것 많이 도와주고 있다. 그러나 언니는 회피 성향이 있어서 본인이 은둔형 외톨이라는 것을 인정하지 못했다. 최근에서야 언니는 자신이 은둔형 외톨이임을 인정하고 있다. 은서는 언니가 자신을 받아들이는 것을 무서워하지 않았으면 좋겠다고 한다. 언젠가는 나가고 싶은 시기가 있으니 너무 초조하게 생각하지 말고 때를 기다리라는 것이다. 좀 못해도 괜찮고 느려도 괜찮고 당장 애쓰지 않아도 괜찮다는 것이다.

초희는 지금 은둔 상태에 있는 청년에게 은둔 경험 후에 은둔 고수 프로그램을 마치고 은둔 고수가 된 은둔 경험자들이 멘토처럼 지원해 주면서 충분한 배려를 해 주면 그들이 사회에 적응하는 것에 도움이 될 것이라 한다. 예를 들면, 직장에서도 멘토처럼 한두 명이 배치되어서 은둔을 경험한 청년을 관리할 수 있는 심리적인 지지대를 만들어 주었으면 좋겠다. 그래서 잠깐 쉬고 싶으면 쉬고 그만둔다고 해도 이해해 주고 언제든지 기다리고 있다는 것을 알게 해 주는 것이 적응에 도움이 될 것이다. 초희도 K2 인터내셔널에서 일할 때 그러한 메시지를 계속 받아서 지금도 다른 일을 할 수 있게 되었다.

2) 도움을 요청하기

은둔으로부터 나오려고 애쓰는 사람들에게 닿으려고 하는 도움의 손길이 있기는 하나 그런 기관이 너무 적어서 충분히 도움을 주기에는 부족한 실정이다. 그래서 그런 도움을 주는 정부 기관이나 지자체, 기업들이 많이 나오길 기대하고 있다. 정희는 은둔에서 나와 보니 너무 재미있었다고 말한다. 지금도 죽고 싶다는 말을 입버

릇처럼 하지만 진짜 죽고 싶지는 않다. 왜냐하면 사는 것이 너무 재미있기 때문이다. 친구랑 술도 먹고 연애도 해 보는 일상들이 재미있다. 그러니 은둔 중인 청년들이 은둔에서 나와서 이런 재미를 느끼면서 살았으면 좋겠다는 열망이 있다. 언제든지 도움이 필요하다는 생각이 들면 도움을 요청하라고 말한다. 정희도 자신이 은둔했다는 사실이 자랑스러운 것은 아니다. 은둔 고수 프로그램에서 '은둔도 스펙이다.'라는 슬로건으로 은둔 고수 사업을 하고 있지만 말이다. 그럼에도 수치심을 이겨 내고 누구에게든지 도움을 요청하면 누군가는 들어 줄 것이고 은둔으로부터의 탈출이 시작될 것이다.

은둔하기 전에는 너무 괴로웠고 계속 고통을 받는 느낌으로 살다가 은둔을 하게 되면서는 자신을 찌르는 것들로부터 해방된 느낌이 편했다는 사라는 그래도 은둔으로부터 나오기 위해 도움을 청하라고 강하게 말한다. 도움이 없이는 절대 나올 수 없다는 것이다. 그러기 위해서는 도움을 주기 위한 오픈 채팅방에 들어가고 그곳에서 은둔을 이겨 낸 사람들과 소통하면서 커뮤니티에도 꼭 들어가서 활동을 하라고 조언한다. 그러면서 도움을 받지 않고는 절대 벗어날 수 없다고 말한다.

초희는 은둔형 외톨이들을 위한 도움을 주고자 한다. 자신도 그런 도움의 손길에 의해서 은둔에서 나왔기 때문이다. 은둔에서 벗어날 당시 인터뷰를 한 적이 있었는데 문득 이 세상에 좋은 사람이 참 많다는 생각이 들었다고 한다. 자신이 뭐라고 이렇게 편견도 없이 무조건 도와주려고 하는 것인지 고맙다는 마음이 들어서 이제는 역으로 자신이 그런 역할을 하고 싶다고 한다.

초희는 은둔형 외톨이와 관련하여 조금 더 구체적인 정책과 관련되면 좋을 내용을 소개한다. 자신은 부모와의 분리가 도움이 되었다. 그래서 셰어하우스가 좋다고 생각하는데 이러한 공동생활이 부담스럽거나 다른 누군가와 사는 것이 힘든 경우가 있을 수 있다. 그러한 경우를 위해서 통학식으로라도 지낼 수 있는 곳이 마련되면 좋겠다고 했다. 계속 은둔하는 사람도 있을 것이지만 중간에 어떻게든지 나와 보려고 애를 쓰는 사람들도 있다. 그런 사람들에게는 나와서 머물 수 있는 공간이 필요하다. 일종의 재활 운동 같은 개념으로 공간이나 기회들이 지속적으로 있었으면 좋겠다.

도움의 손길이 많으니 요청하라는 재진은 구체적인 도움이 아니더라도 함께 있어 주는 것만으로도 많은 도움이 된다고 말한다. 누구나 똑같이 그런 과정을 겪지는 않으나 은둔의 시간이 필요한 시간이었다는 것을 인정해야 한다. 윤후는 도움을 요청하고 자신의 문제에 직면하라고 말한다. 자신도 그랬다. 누군가에게 부담을 주는 것이라는 생각에 말도 못 꺼내고 혼자 끙끙 앓았다. 그런데 지금은 그렇게 생각하지 않는다. 힘든 일이 있으면 말해야 하고 직면해야 한다.

청년들의 절실함이 묻어나고 있다. 자신이 겪었던 과정을 똑같이 겪고 있는 은둔형 외톨이들에게 많은 말을 남기고 싶으면서도 너무도 그들을 이해하기 때문에 그렇게 하는 것이 조심스럽다. 은둔을 경험하고 있는 청년들의 마음이 어떠할지를 너무나 잘 알고 있기 때문이다. 그리고 자신들이 겪었던 과정의 힘듦을 겪고 있는 현재의 은둔형 외톨이에 대한 안타까운 마음을 나타내고 있다.

은둔 경험을 한 청년들의 이야기를 주제별로 정리해 보았다. 이상의 내용을 간략하게 요약한 후에 그림으로 은둔 경험을 맥락적인 구조로 보여 주고자 한다.

요약한 내용은 다음과 같다. 나타난 주제는 〈가족 간의 갈등〉〈감당하기 힘들었던 일〉〈어두운 굴속으로〉〈흑암의 시간〉〈다시 세상 속으로〉,〈고군분투의 시간〉〈경험으로 얻은 것〉〈은둔 청년에게 해 주고 싶은 말〉이다. 이러한 주제를 중심으로 은둔을 경험한 청년들의 경험을 정리했다.

첫 번째 주제인 〈가족 간의 갈등〉에서 드러난 이야기는 '아버지의 폭력 성향' '이해 불가 부모님' '형제와의 갈등' '경제적인 문제들'로 이루어졌다. 은둔을 경험한 청년들이 세상에 나와서 처음 만나야 했던 그들의 부모의 이야기가 주를 이루었다. 청년들은 신체 혹은 언어 폭력을 행사하며 그들의 뜻대로 움직이기를 원하는 부모를 기억하고 있었다. 또한 가정의 경제적인 상황이 아버지의 폭력 성향을 부추기는 것으로 드러났고, 형제들도 은둔하는 경우가 있었는데, 이 경우 서로의 모습을 투사하면서 상처를 주고받는 것들이 드러났다.

두 번째 주제인 〈감당하기 힘들었던 일〉에서 드러난 이야기는 '학교폭력 경험' '친구와의 어려운 관계' '심리적 어려움'으로 이루어졌다. 청년들은 가족의 품에서 관계의 안정감을 느끼지 못했기 때문에 학교에서도 친구들과의 관계를 원활하게 하기는 쉽지 않았다. 그래서 학교에서 왕따를 경험하기도 하고 학교폭력을 경험하기도 했다. 이러한 청년들의 관계로 인한 어려움은 심리적인 어려움으로 드러나는 경우가 많았다.

세 번째 주제인 〈어두운 굴속으로〉에서 드러난 이야기는 '현실로부터 도망' '분노의 폭발' '고립되기로 결정'으로 이루어졌다. 세상에서 잘 살아보려고 노력했지만 돌아오는 것은 심리적인 어려움이었다. 그래서 청년들은 더는 노력하면서 사는 것을 멈추고 싶었다. 현실로부터 도망하여 자연스럽게 은둔으로 가게 되는 것이다. 그들은 비록 은둔으로 가는 과정에 계기가 없다고 말하지만 쌓여 왔던 분노의 폭발이 계기인 것으로 보이고, 자진해서 고립을 선택하면서 오히려 자유로움을 느끼는 것으로 드러나고 있다.

　네 번째 주제인 〈흑암의 시간〉에서 드러난 이야기는 '죽음과도 같은 시간' '긍정적인 부분들'이다. 은둔의 시간으로 들어간 청년들이 시간을 보내는 방법은 그저 핸드폰이나 유튜브 등을 보면서 망연자실 누워서 세상으로부터 등을 돌리는 것이었다. 그러한 시간 중에도 긍정적인 것들이 있어서 그들을 그 상황에서 지탱하게 해 주기도 했다. 즉, 상담의 기회를 얻게 되어서 자신의 삶을 새롭게 정리하는 시간을 갖고, 자신을 객관적으로 바라보는 시각을 갖기도 했음이 드러나고 있었다.

　다섯 번째 주제인 〈다시 세상 속으로〉에서 드러난 이야기는 '셰어하우스의 발견' '은둔 고수 프로그램'이다. 은둔 청년들은 은둔에서 나오려 하지만 그 방법에 막막함을 느끼게 된다. 이때 그들에게 손을 내밀어 준 것이 셰어하우스와 은둔 고수 프로그램이었다. 셰어하우스에서의 생활은 일상의 삶을 추스르고 자신을 돌보는 일을 시작하기에 충분하고, 은둔 고수 프로그램을 통해서 은둔 경험이 있는 멘토가 상담을 해 주기도 하면서 그들이 은둔으로부터 나오게 되었다는 것이 나타난다.

　여섯 번째 주제인 〈고군분투의 시간〉에서 드러난 이야기는 '아직도 어려운 관계' '잘하는 것 해 보기' '만나게 된 걸림돌'이다. 은둔으로부터 나오게 된 청년들은 사회에 적응하는 과정에서, 노력하지만 안 되는 것들로 인해 고군분투의 시간을 보내게 되었다. 여전히 어려운 관계의 문제들로 고민에 빠지기도 하고, 중단되었던 학업이나 자격증을 따면서 취업을 준비하기도 했다. 그러다가 걸림돌을 만나게 되어 좌절하는 과정의 시간이 반복되어 나타난다.

일곱 번째 주제인 〈경험으로 얻은 것〉에서 드러난 이야기는 '자신에 대한 이해' '넓어진 이해의 폭'이다. 은둔의 시간은 자신에 대해 알게 되는 시간이었고, 자신의 감정을 잘 알고 느낄 수 있도록 노력 중이라고 한다. 은둔의 시간을 보내면서, 자신만의 잘못으로 인해 은둔하고 있는 것으로 느껴져서 자책하기도 했으나 그것이 아니라는 것을 알게 되고 자신을 이해하게 된 것뿐만 아니라 이로 인해 타인을 이해하는 폭도 넓어졌음이 드러나고 있다.

마지막 여덟 번째 주제인 〈은둔 청년에게 해 주고 싶은 말〉에서 드러난 이야기는 '은둔에서 나오기 위해' '도움을 요청하기'인 것으로 나타났다. 은둔을 경험한 청년들이 은둔에 있는 청년들에게 주는 말이다. 너무 초조하게 생각하지 말고 자신을 받아들이고 때가 오길 기다리는 것이 좋겠고, 막상 은둔으로부터 나오면 잘 적응할 수 있다는 믿음을 가지라고 말한다. 은둔을 경험한 사람이 심리적인 지지가 되어 주어서 은둔으로부터 나오기를 원하는 사람들을 도와주어야 한다는 것이 나타나 있다.

이상의 내용을 토대로 다음과 같이 그림으로 정리해 보았다.

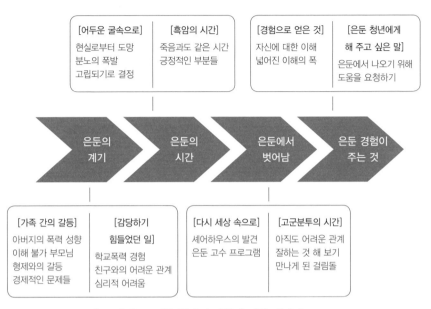

[그림] 은둔 경험 청년의 경험에 관한 맥락적 구조

제3부
은둔을 경험한 청년들의 이야기

은둔으로부터의 탈출

16. 탈출을 돕기 위해

앞에서 은둔 경험 청년들의 이야기를 주제별로 드러난 이야기로 서술했다. 이번 장에서는 은둔 경험이 있는 청년들이 들려준 이야기의 주제별로 정리하면서 함께 고려해 봐야 할 점이 있다면 어떤 것이 있는지를 나누고, 그래함(Larry Kent Graham)의 심리−체계적 접근 방법을 토대로 살펴보려고 한다. 은둔을 경험하고 있는 청년들의 탈출을 돕기 위해 우리가 해야 할 노력에 대해서이다.

1) 이야기 주제별로 살펴보기

(1) 가족 간의 갈등

은둔을 경험한 청년들에게는 가족 간의 갈등이 있었음이 나타났다. 필자가 은둔 경험 청년들을 심층 면접하면서 처음 던진 질문은 그들의 초기 기억에 관한 것이었다. 이들이 초기 기억을 이야기하는 과정에서 그들과 가족과의 관계에 대해 알 수 있었다. 우리가 태어나서 많은 영향을 주고받을 수 있는 대상이 가족이다. 가족 간에는 서로 좋은 영향을 주기도 하지만 악영향을 끼치기도 한다는 것은 자명한 사실이기도 하다.

어떠한 이유에서인지 청년들 대부분이 가족으로부터의 상처에 대해 말하고 있었다. 특히 상처를 주는 주체로 아버지의 역할이 두드러지게 드러났다. 가족의 형태가 핵가족화되면서 아버지의 역할이 과거의 가부장적인 전통에서 벗어나는 과도기를 맞고 있어서인지 혼란스러움을 보여 준다. 그 혼란스러움은 폭력 성향으로 나타나기도 하고, 부자연스러운 완고함으로 발현되는 것을 볼 수 있었다. 가족들 간의 어려움은 완고함과 폭력성 외에도 형제간에 서로 상처를 주고받는 경우가 있었다. 청년들의 은둔 경험이 이러한 가족 간의 갈등과 무관하다고 말할 수 없는 부분이기도 하다.

아버지가 폭력을 행사하는 이유는 다양했다. 경제적인 어려움에 기인한 폭력도 그중의 하나인데, 한 집안의 경제를 책임져야 하는 가장으로서 아버지의 무거운 책임감이 자신의 경제적 역할이 미진했을 때 그들로 하여금 폭력을 행사하게 하기도 했다. 아버지 자신의 어렸을 때의 꿈을 이루지 못한 결핍을 자녀를 통해 보상받고 싶다는 기대감을 충족하기 위해 폭력을 행사한 경우도 있었다.

가족의 구성원들은 서로 간에 영향을 주고받을 수밖에 없다. 아버지의 폭력은 어머니의 회피로 이어지는 경우가 많았는데 어머니의 회피가 무관심함으로 자녀에서 전달될 경우는 자녀를 불안하게 하는 원인을 제공한다. 이러한 가족의 분위기는 청년들이 안전한 애착을 형성하는 데 방해 요인이 되었을 것이다. 안전하게 형성되지 못한 애착은 청년들에게 타인과의 관계를 형성하는 데 있어서 직접적인 영향을 주게 된다. 부모와의 관계에서 긍정적인 관계에 대한 학습이 잘 이루어지지 않았을 때 학교에서의 생활이나 대인관계가 원활하지 못할 확률이 증가할 수 있다.

청년들이 은둔의 시간을 보낼 때 가족들에게 요구되는 것은 진정한 버팀목으로서의 역할이다. 그러나 그들은 가족이 오히려 기반을 흔드는 경험을 하게 했기 때문에 자칫 극단적인 선택을 할 수 있는 상황에 노출되어 있었다. 이와 같은 가족의 일은 가정 안에서만 이루어진다는 점에서 매우 위험한 일이 될 수 있다, 근원적인 해결점을 찾기보다는 그냥 가족 내에서 덮어지는 경우가 생기게 되기 때문이다. 이를 위해 사회에서 건강한 가정을 지키기 위한 공동체적인 노력이 필요해 보인다.

(2) 감당하기 힘들었던 일

은둔을 경험하기 전에 청년들은 감당키 힘든 일을 겪었음이 드러났다. 이들에게는 관계의 어려움이 있었다. 부모와의 관계의 어려움은 결국 학교생활에서 친구와의 관계의 어려움으로 연결되었다. 왕따와 학교폭력을 경험하기도 했다. 잘 지내는 척하느라 운동에 빠져 보기도 하고 문제를 회피하지 않으려 정면으로 대응도 해 보았다. 문제를 해결하기 위해 애쓰며 부적응적인 상황들을 헤쳐 나가 보려 노력해 보았지만 모든 것이 다 역부족이었다. 실타래를 풀려고 할 때 시작한 지점을 놓치면 더 엉켜 버리듯이 청년들의 삶은 이런 엉킨 실타래처럼 엉망진창이 되어 버리기도 한다. 대인기피증을 앓기도 하고 우울증이 깊어져서 가족들로부터 멀어지기 위해 노숙을 결정하기도 한다. 대부분의 청년은 크고 작은 심리적인 어려움을 호소하고 있었다.

심리적인 어려움을 호소하는 그들의 부모나 형제들은 심리적인 어려움을 해결해 주기에는 전문적인 지식이나 지혜가 부재했다. 그들의 어려움을 이해하고 해결해 주려고 노력하기보다는 무시하거나 덮으려 했다. 심지어는 대처한다고 하는 것이 다른 사람들에게는 알리지 않아도 될 일까지 지나치게 알리기도 한다. 실제보다 더 심한 문제로 삼아서 그들을 곤란에 이르게 하는 경우도 있었다. 또 다른 잘못된 대응으로는 은둔하는 청년이 어머니에게 욕을 하고 폭력을 행사한다는 이유로 정신병원에 입원시켜 버리기도 한다.

우울증인 것을 모르고 참고 지내던 한 청년은 아버지의 폭력에 대응하면서 생긴 일로 병원에 입원까지 하게 된다. 그곳에서 진료를 받다가 우울증임을 알게 되고 그 증세가 약을 복용해야만 할 정도로 심각하다는 것을 알게 된다. 이러한 일련의 일들에 대해 그들의 가족은 너무 무지했고 대처에도 미흡했다는 것을 알 수 있다. 가족들의 대응은 오히려 청년들에게 심리적인 어려움만을 가중시켰다. 단순히 심리적인 어려움을 준 것뿐 아니라 그런 무지들의 결과로 그들은 사지로 몰렸다. 실제로 힘든 결과를 가져올 수 있는 많은 일이 발생했지만, 불행 중 다행으로 필자가 만난 청년들은 최악의 상황으로는 가지 않았기 때문에 그런 과정을 잘 견디고 나오게 된다.

지금도 이들은 심리적인 어려움을 어느 정도 갖고 있다. 한번 시작된 우울증이나 심리적인 어려움은 짧은 시일 내에 해소되지 않기 때문이다. 그래서 좀 더 근원적인 해결이 필요한 부분이다. 빠른 시간 내에 상담이 개입되어서 은둔 경험을 한 청년들이 갖고 있는 심리적인 문제를 해결해 주는 것이 반드시 필요한 일이라 볼 수 있다.

(3) 어두운 굴속으로

'어두운 굴속으로'에서는 은둔형 외톨이들이 일상의 삶을 살다가 감당해야 하는 삶의 무게가 버티기 힘들어지면서 은둔으로 가고 있는 과정이 나타나고 있다. 청년들에게 은둔하게 된 계기에 대한 궁금증으로 던졌던 질문은 '은둔으로 가게 된 계기가 있는가?'였는데 실제로 특별한 계기가 있을 것이라고 예상했음에도 불구하고 대부분의 응답은 특별한 계기는 없었다는 것이다. 부모와의 관계의 어려움이 학교에서의 관계의 어려움으로 연결되었고, 심리적인 어려움을 호소하다가 은둔으로 가게 되었다는 것이다. 이처럼 여러 상황이 겹치다가 은둔을 결정했다는 것이다.

단순히 그들의 개인적인 문제로 인해 혹은 어려운 상황을 회피하려고 은둔으로 들어간 것이 아니므로 은둔을 선택해야만 했던 상황에 대한 이해가 필요하다. 함께 고민해 주고 힘이 되어야 할 부모나 형제들이 실제적인 도움이 되기보다는 오히려 은둔으로 들어갈 수밖에 없도록 하는 역할을 한다는 것이 현실임을 알았다. 부모가 자녀들에게 자신들이 맞다고 생각하는 정답을 보여 주며 그런 삶을 살도록 종용한 경우도 있었다. 심지어 대학 진학도 본인의 적성을 고려한 선택이 아니라 부모가 못 이룬 꿈을 이루기 위한 진학을 하기도 하면서 청년들은 삶의 소진을 경험하게 되었다.

그들이 받았던 압박은 부모나 주변 사람들로부터 받은 것이기는 하지만 사회적인 압박과도 무관하지 않다. 자신의 적성이나 능력과는 상관없이 좋은 대학에 진학하고 졸업 후에는 남들이 모두 인정해 주는 좋은 직장으로 가야 한다는 압박은 우리가 사회에서 자주 받게 되는 압박이기 때문이다. 이러한 사회에서 사는 우리는 이와 같은 요구를 너무 당연하게 여기면서 말하고 행동하고 있으나 엄연히 이는 사회에서 우리에게 잘못된 요구를 하는 것임을 인지해야 한다. 이러한 사회의 요구는 자칫 우리 모두에게 진정한 자기의 모습으로 사는 것을 방해하는 요인이 되기도 한다. 그래서 그들은 열심히 살려고 애를 쓰다가 어느 날 참자기가 소외된 거짓된 자기의 모습을 깨닫게 되고, 진정한 자기의 모습을 찾으려 애를 쓰다가 결국은 어두운 굴로 들어가는 것을 선택했다는 것을 알 수 있다. 이를 위해서 누군가의 도움이 너무 필요함에도 가족이나 친구들은 그들에게 도움이 되지 못했다.

청년들의 이야기 중에서도 참다가 폭발했을 때 가족들이 그 상황에 대해 인지하게 되면서 수그러졌다는 것을 볼 때 가족들도 스스로 이런 문제를 해결할 능력이 없다는 것을 알 수 있다. 은둔형 외톨이로 가게 되는 과정에서 사회적인 개입이 적극적으로 필요함을 알 수 있는 대목이다.

(4) 흑암의 시간

'흑암의 시간'은 청년들이 은둔을 경험하는 시간이다. 그들은 죽음과 같은 시간을 보내게 된다. 빛이 방 안으로 들어오는 것이 싫어서 빛을 차단하고 무기력하게 죽은 듯이 지내면서 모든 것을 단절한다. 그 시간은 죽음과도 같은 시간이었을 뿐만 아니라 죽음을 생각하고 죽음을 위해 할 수 있는 것이 무엇인가를 고민하는 죽을 수 있는 방법을 찾는 시간이었다.

하루를 무기력하게 죽은 듯이 살고 있으나 정신이 들 때면 왜 이렇게 살고 있냐며 자신을 자책한다. 빛이 들어와서 자신을 비추는 것도 싫고 자신이 먹을 가치도 없는 것처럼 느껴지기도 한다. 이러한 무가치함은 자신을 학대하는 것으로 나타나기도 한다. 하지만 이 시간을 죽음의 시간이라고 하기에는 너무도 치열한 시간일 수도 있다. 그들의 내면은 매우 치열한 시간을 보내고 있기 때문이다. 이 시간을 죽음과 같은 시간과 치열한 시간이라고 구분해서 표현해 보았다. 그러나 이는 은둔을 보내고 있는 청년들에게는 구분되는 시간이기 보다는 공존하는 시간이다. 그들은 죽음과 치열이라는 양가의 감정을 같이 느끼며 살아간다.

그들은 은둔의 시간을 지나면서 한결같이 이제 쉬고 싶었다고 표현한다. 그러면서 쉬고 싶다는 것은 모든 것이 끝나는 것을 의미한다고 했다. 그렇지만 그들은 그렇게 삶을 쉽게 놓을 수는 없었다고 말한다. 그들의 이야기 중에서 마음이 아팠던 말이 있는데, 은둔을 경험하고 있는 사람들에게 하고 싶은 말이 있으면 하라고 했을 때 제발 은둔으로부터 나올 때까지 그들에게 살아만 있어 달라고 말하는 것이다. 그 말을 들으면서 필자의 마음도 너무 아팠지만, 은둔의 시간을 견디면서 얼마나 많은 죽음을 바라봐야 했는지 알 수 있었다.

청년들의 은둔이 시작된 시기를 보면 고등학교를 졸업하고 대학에 진학해야 하는 시기이거나 대학에 진학한 이후가 많았다. 그러한 연령대에서 은둔이 발생하는 원인으로는 사회에서 요구하는 경쟁이나 요구에 부응하지 못함도 그 하나가 될 수 있다. 이를 해결하기 위해 사회적인 개입이 필요하다는 것이 피할 수 없는 사실이기는 하지만 은둔의 시간은 가족과 친구와도 등을 지는 상황이라는 점에서 사회적인 개입을 한다는 것도 쉬운 일은 아닐 것이다. 이때는 가족들의 상담이 먼저 시작되어서 은둔형 외톨이에게로 확대해 나가는 것이 적절한 해결 방법으로 보인다. 우리보다 먼저 은둔형 외톨이를 경험한 이웃나라 일본에서도 가족 상담을 병행해서 시행하고 있고 오히려 먼저 가족을 상담하는 사례도 있었다. 은둔 중인 청년들을 사회로 나오게 하는 것은 가족이나 사회의 적극적인 개입이 없이는 해결점이 없어 보인다. 이들을 나오도록 하는 데 있어서 시간도 무척 중요한 요소이다. 가급적이면 빠른 시간 안에 그들을 은둔으로 부터 구출해야만 한다. 그들이 시시때때로 극단적인 생각을 하고 있어서이기도 하지만 시간이 오래 지나면 지날수록 나오기 힘들어지기 때문이기도 하다. OECD 국가들과 비교해 보았을 때 우리나라는 전체 자살률은 물론 청년층의 자살률도 높다고 한다. 청년들에게 관심이 있는 여러 단체가 청년들의 자살률을 줄이고자 노력하고 있다. 은둔의 시간을 겪고 있는 청년들의 이 같은 잘못된 결정을 막기 위해 다각도의 사회적 대책 마련이 필요하다.

(5) 다시 세상 속으로

'다시 세상 속으로'에서는 청년들이 날마다 죽음을 바라보면서도 내면으로는 치열하게 자신이 처한 상황에 대해 갈등하며 세상으로 나가고자 소망하다가 혜성과 같이 갑자기 나타나는 구원의 손길이 그들에게도 다다른 것을 알 수 있다.

필자도 인터뷰를 시작하기 전부터 K2 인터내셔널 코리아의 셰어하우스와 은둔 고수 프로그램에 대해 들은 적이 있다. K2 인터내셔널 코리아는 은둔으로 인해 문제를 겪고 있는 청년과 부모에게 상담과 공동생활, 외부 프로그램을 지원했었다. 그러나 안타깝게도 K2 인터내셔널 코리아는 2021년 12월에 사업을 마감하고 책임자 한 명만 남아서 은둔형 외톨이들에게 상담이나 정보를 제공하고 있다. K2 인터내셔널 코리아가 철수할 무렵 은둔형 외톨이들에게 꼭 필요했던 셰어하우스나 여러 사업이 종료되는 것을 안타깝게 여긴 은둔을 경험했던 청년들이 '안 무서운 회사'라는 이름으로 그 사업의 일정 부분을 인수해서 K2 인터내셔널 코리아가 해 왔던 일들을 하고 있다.

인터뷰를 진행하면서 은둔 청년들을 은둔에서 나오도록 하는 일에 크게 기여한 것 중 하나가 셰어하우스라는 것을 알게 되었다. 물론 그들의 인터뷰 참여 과정에서 '안 무서운 회사'의 역할이 크기 때문이라는 점을 배제하더라도 셰어하우스가 지금까지 해 왔던 일들이 은둔형 외톨이가 은둔에서 나올 수 있도록 일조했다는 점은 명백한 사실이다. 그들 대부분이 셰어하우스를 언급하였고, 셰어하우스로의 탈출이 결국은 그들의 은둔으로부터의 탈출을 의미했다. 그들은 물리적인 독립을 원했고 어떠한 곳이라 해도 집이 아니면 괜찮았다고 한다. 은둔을 벗어난 상태인 지금도 집을 다시 방문하게 되면 옛날처럼 다시 무기력해질 것이 두려워 웬만하면 집에는 가지 않으려 노력한다고 말한다.

셰어하우스에 입주한 후에도 여러 가지 해야 할 일이 있지만 무엇보다도 자유롭고 배려받는다는 느낌은 청년들이 지금까지 집에서는 받아 본 적이 없는 것이었기에 은둔을 그만두는 계기가 되기에 충분했다. 그리고 누군가를 위해 자신이 가지고 있는 재능을 나누는 기회도 주어지면서 자기효능감을 높이기도 한다. 그렇다고 셰어하우스 입주의 모든 부분이 만족스러운 것은 아니다. 관계의 어려움을 촉발하기도 하였고, 직원들의 대응에 실망을 느끼기도 한다. 그래도 은둔을 경험한 후에 찾게 된 셰어하우스는 그들에게 사막의 오아시스와 같은 존재가 되었다.

셰어하우스와 더불어 은둔 고수 프로그램도 은둔에서 벗어나는 계기를 제공한다. 여기서 '은둔 고수'는 은둔 경험도 스펙이 될 수 있다는 의미라고 한다. 은둔 고수 프로그램에서 상담을 진행하는 활동가들은 대부분 은둔을 경험한 사람이다. 이와 같은 활동가들은 전문 상담사로부터 '은둔형 외톨이 상담'을 교육받고 은둔형 외톨이들을 만나서 상담한다. 이들은 자신들이 은둔에서 벗어난 경험을 가지고 자발적으로 은둔의 시간을 겪고 있는 은둔형 외톨이를 돕는 것이다. 청년들이 언급한 내용에도 활동가에게 상담받은 적이 있다는 내용이 있었다. 그 외에도 다른 분야의 전문가들이 만든 사회성 훈련이나 적응을 위한 프로그램들이 있다.

여기서 받게 되는 상담은 은둔 경험이 있는 활동가에 의해 행해지는 만큼 은둔에 대한 이해도가 높아서 상담 대상자로 하여금 편안한 마음이 들게 한다. 프로그램을 마친 후에도 상담자와의 개인적인 관계로 이어져서 만족도가 높다고 했다. 한 가지 아쉬운 점은 지금도 셰어하우스와 은둔 고수 프로그램 등 여러 활동이 진행되고 있으나 재원이나 활동가가 턱없이 부족한 상황이다. 이를 위해서 국가적으로나 사회적인 도움이 절실해 보인다.

그나마 인터넷을 본다거나 SNS를 하는 은둔형 외톨이의 경우는 이런 정보를 얻게 되고 나올 수 있게 되는데 그렇지 않은 사각지대도 존재한다. 이런 사각지대에 지내는 경우는 사회로 나와서 도움을 받을 기회조차 얻지 못한다. 그들이 인터넷에 접속을 안 하면 다양한 정보를 접하지 못하기에 무슨 일이 일어나고 있는지 관심조차 없을 수도 있는 것이다. 은둔을 경험하고 있는 청년들에게 그들을 은둔에서 나올 수 있게 하기 위해 노력하는 사람들이 있음을 알게 하기 위한 홍보가 절실하다.

인터뷰에 참여한 한 청년이 제안한 내용이 있다. 앞에서도 잠깐 언급한 내용이지만 일본에는 '은신처'라는 곳이 있다고 한다. 이곳은 언제든지 은둔형 외톨이들이 와서 있을 수 있는 곳이다. 우리나라에도 이처럼 언제든지 나오고 싶을 때 잠깐 가서 쉴 수 있는 곳이 있다면 은둔형 외톨이들에게 많은 도움이 될 것이다. 그리고 그곳에서 상시 운영되는 프로그램이 있다면 처음에는 참석을 주저하겠지만 점점 이에 익숙해지면 사회로 나오는 데에도 도움이 될 것이다. 필자도 이러한 기관이 우리나라에도 생긴다면 은둔형 외톨이들에게 도움이 될 것이라 여기게 되었다.

(6) 고군분투의 시간

'고군분투의 시간'은 은둔을 경험한 청년이 은둔에서 벗어나 세상에 나오려고 해 보지만, 사회에서의 적응이 생각대로 되지 않아 어려움을 겪는 시간이다. 청년들은 은둔을 하면서는 마치 죽은 듯이, 숨 쉬는 것도 조심스러워 하며 시간을 보냈다. 이제는 사회 복귀를 위해서 세상으로 나왔으나 지금의 사회는 이전에 그들이 경험한 사회와는 많은 것이 달라져 있고 그들에게는 전혀 익숙지 않다.

특히 관계의 힘듦은 이미 은둔으로 가기 전에도 경험했고 은둔의 시간을 보내면서는 어떤 관계도 없었기에 타인과 어울리는 것이 더 힘들다. 그래도 사회에서 살기 위해서는 관계를 맺고 살아가야 하니까 잘해 보려고 노력한다. 그런데 노력할수록 더 미궁으로 빠져드는 것처럼 느껴지기도 한다. 여기서 관계의 문제는 어린 시절 부모와의 관계와 연관이 있기에 먼저 과거의 아픔을 극복하려는 노력이 선행되어야 한다.

은둔 경험 청년들이 겪었던 어린 시절 관계의 어려움, 즉 가족 간의 관계의 문제가 해결되어야 한다. 그러한 후에 현재에 겪는 관계의 어려움을 잘 극복하고, 원활한 소통이 이루어지면 다시 은둔으로 들어갈 확률은 현저히 낮아질 것이다. 그들이 관계를 회복하기 위해서는 상담적 접근이 먼저 이루어져야 한다. 이뿐만이 아니라 관계 회복을 위해서는 은둔형 외톨이 관련 캠프나 관계 증진을 위한 동아리 활동 등과 같은 대인관계 증진을 위한 활동도 필요하다. 이와 더불어 좀 더 실제적인 접근으로, 의사소통 대화법 또는 관계 회복을 위한 강의나 실습 등을 통한 구체적인 방법 제시를 통해 관계 개선이 되어야 한다.

그들이 미래를 위한 길을 찾도록 구체적으로 도와주는 일도 함께 고민해야 할 일이라 하겠다. 이를 길과 연관하여 설명해 보고자 한다. 은둔 경험이 있는 청년들이 은둔 이전에 삶의 길을 잘못 들었다고 가정을 해 보자. 그 길은 그들이 앞으로 가야 할 길인데 첫 발을 잘못 딛는 바람에 길을 잃었다. 그 길을 찾으려 했는데 찾지 못해 방황하다가 은둔으로 들어가게 되었다. 그러나 우리가 경험해 보아서 알고 있듯이 한번 잘못 들어선 길이라고 해도 얼마든지 제대로 된 길로 다시 돌아 나올 수 있다.

이는 우리가 흔히 말하는 길로 설명해도 이해 가능한 일이 될 것이다. 일반적인 길로 말하자면 필자도 길을 잃어 본 경험이 있고, 아마도 누구나 길을 잃어 본 경험이 있을 것이다. 어떤 때는 사방이 다 길인 것으로 보이고, 어디로 가야 할지 몰라 패닉에 빠지게 되기도 한다. 당황하면 잘 알던 것들도 모르는 것으로 느껴지는 것처럼, 잘 알고 있던 길이더라도 어딘지 모르게 생소하게 느껴지게 되는 경우가 있기도 하다. 이처럼 익숙한 길이라 잘 찾을 수 있는 길도 당황하면 잃어버리게 되는데 인생의 길에서도 당황하게 되면 갈 길을 잃고 헤매기 마련이다. 그들이 인생의 길을 포기하지 않고 장애물로 막혀 있어 갈 수 없다고 느껴지는 길도 다른 길로 우회해서라도 갈 수 있도록 그들에게 길을 찾도록 해 주는 노력을 해야 한다. 이를 위해 필요한 것이 코칭적인 접근이라 할 수 있겠다.

우리 사회의 구조는 약자나 비주류가 살기 힘든 구조이다. 특히 은둔형 외톨이의 경우에는 학업이 끊어지거나 취업을 한 번도 한 적이 없는 경우가 많기에 이들이 설 곳이 많지 않다고 봐야 한다. 폐쇄적이고 경직된 사회적인 분위기는 이들이 설 곳을 없게 만들 뿐 아니라 고립으로 가게 하는 구조를 만들고 있다. 실제로 한 청년이 아르바이트를 신청하러 갔다가 경력 없음에 비난을 받은 적이 있다는 하소연을 들은 적이 있다. 그리고 다른 청년은 다음과 같은 이야기를 한다. 다른 선진국의 경우에 우울증으로 학교를 못 다녔거나 취업하지 않은 공백이 있는 자들에 대한 대응이 우리나라의 그것과는 사뭇 다르다고 말한다. 취업대상자가 우울증을 겪었지만 잘 극복했다고 말하면 오히려 극복한 경험에 대해 긍정적으로 인정하는 분위기라고 한다.

우리나라에서도 이러한 배려가 있는 사회를 롤모델로 삼아 국가적인 차원의 노력을 했으면 좋겠다. 가장 먼저 은둔 경험 청년에 대한 부정적인 사회적 인식이 변화되도록 노력해야 한다. 강하고 치열하게 살아야 하는 사회가 아니라 모두 함께 사는 세상이 되어야 한다. 기존의 경직된 프레임으로 사람들을 대하는 것이 아니라 각자가 가지고 있는 다양성을 존중하고 인정해 주어야 다음 세대를 이해하고 그들을 포용할 수 있는 사회가 되는 것이다. 앞으로는 모두가 존중, 배려, 용납, 사랑, 이해와 같은 단어들이 충만한 사회에서 살게되길 기대한다.

(7) 경험으로 얻은 것

'경험으로 얻은 것'은 은둔 경험을 한 청년들이 은둔의 경험으로부터 얻은 것이 나타나고 있다. 죽음과도 같은 시간을 보냈고, 쓸모없다고 자신을 느끼면서 지냈던 시간이었지만 지나고 나니 남겨진 것들이 있었다. 자신에 대해 이해하게 되었고, 다른 사람들을 대할 때에도 이해의 폭이 넓어진 것이다.

은둔의 시간이 온전히 나만의 시간이었음을 깨닫게 되면서 그 시간이 자신의 내면을 성찰하는 시간이었음을 알게 된다. 이렇게 자기를 직접 보게 되고 자신에 대해 알게 되는 과정에 상당한 역할을 해준 것에 상담이나 심리치료 혹은 정신분석이 있다. 그들은 셰어하우스에서 생활하면서 여러 프로그램을 접하게 된다. 은둔 고수 프로그램을 통해 은둔 경험을 가진 활동가들과 상담을 하기도 한다. 이러한 과정들을 거치는 중에 은둔 경험에 관한 의미를 찾게 되고 그 의미 중에 많은 부분을 차지하는 것이 자기에 대한 통찰이라는 것이다. 자기를 통찰하게 되면서는 자신의 은둔 경험을 인정하게 되고, 나아가서는 타인에 대한 인식의 변화까지 생기게 된다. 자신이 겪었던 은둔을 인정하게 되면서 타인들이 겪는 일들을 인정하지 못할 것이 없게 되었기 때문이다.

그러나 한편으로는 청년들이 셰어하우스에서 지내고 있으니 은둔에서 벗어났다고 믿고 있으면서도 셰어하우스 밖으로 나가면 은둔의 상태로 되돌아갈까 두렵다고 한다. 그들을 은둔으로 내몰던 근원적인 부분이 해결되지 않았다고 느끼기 때문이다. 이는 사회적인 압박과 경쟁으로 내모는 구도가 그런 상황을 유지하는 데에 큰 몫을 차지하고 있다고 본다.

여느 청년들과 마찬가지로 그들도 진로에 대한 고민이 많았다. 은둔하면서도 가끔 나와서 자격증을 따기도 하는 등 학업과 취업을 위해 노력한다. 그런 모습들을 보면서 마음이 놓이지 않고 불안한 느낌이 들기도 했다. 이유는 혹시 사회에 적응하는 과정에서 절망감을 느끼게 되면 다시 은둔으로 돌아가지 않을까라는 걱정이 들어서였다. 자립하는 과정에서는 상담과 코칭이 필요한데 경제적인 이유로 접근이 쉽지 않아 보였다. 그들이 상담받는 경우를 보아도 무료 상담인 경우가 많았다.

은둔형 외톨이의 문제를 그들만의 문제로 보면 안 된다. 그들이 가지고 있는 성격의 특성 때문에 사회적으로 철수했다고 말해서도 안 된다. 필자가 만나서 알게 된 그들은 모두 유능하고 전도유망한 청년들이었다. 그런 인재들을 현재의 상태대로 방치한다면 우리 모두에게 손해라는 생각을 떨칠 수 없었다. 이를 위해 상담이나 코칭을 받게 되는 기회가 많아야 하겠고 지원하는 단체나 사람들이 많아져서 함께 협력하기를 기대한다.

(8) 은둔 청년을 위한 제도적 제언

은둔을 경험하고 있는 청년들에게 해 주고 싶은 조언이 무엇인가라는 질문에 그들은 대부분 잠깐 말을 멈췄다. 할 말은 많지만 무슨 말도 할 수 없다는 느낌을 받았다. 그러면서 가끔 받게 되는 질문이지만 정말 어려운 질문이라는 청년도 있었다. 그들의 마음이 온전히 와닿았다. 말은 해 주고 싶은데 어떤 말이 자신들의 과거 처지와 동일한 상태에 있는 현재의 은둔형 외톨이의 마음으로 들어가서 닿을 수 있을까를 고민하기 때문일 것이다. 그들이 말한 내용을 한 문장으로 정리하면 은둔에서 벗어나기 위해서는 도움을 요청하라는 것이다. 이는 은둔으로부터의 탈출이 결코 스스로의 힘만으로는 부족하다는 의미를 내포하고 있다. 이 말은 굉장히 쉬운 말처럼 느껴지지만 너무 어려운 말이기도 하다.

그들이 기꺼이 인터뷰에 참여한 이유는 은둔에 대해 알리기 위함이었다. 어떤 경로를 통해서라도 알려야겠다는 마음을 먹었다고 한다. 그래서 피하고 싶고 숨기고 싶은 개인의 이야기를 당당하게 말해 주는 것은 자신들의 이야기를 접한 은둔형 외톨이들이 용기를 얻게 되길 바라기 때문이라고 말한다. 그들은 자신들도 도움을 요청해서 도움을 받았고, 이로 인해 은둔으로부터 나오게 되었기 때문이다. 그렇기에 반드시 도움을 요청해야 한다고 말한다.

그들 중에서도 발견된 바, 혼자서 모든 것을 잘 해결하는 것이 미덕이라고 여기는 경우를 보게 된다. 지금은 성(性)으로 이야기하는 것은 시대착오적인 것이 될 수도 있다. 그래도 굳이 따지자면 아직도 남성들에게는 씩씩해야 한다거나, 잘 참아야 한다거나, 모든 것을 혼자 잘 해결해야 한다는 비합리적인 신념이 많다. 은둔형 외톨이 중에서 남성의 비율이 높은 것도 이러한 비합리적인 신념이 기반이 되어서 누군가의 도움을 받는 것을 그들 자신의 약한 점을 보이는 것이라 여기기 때문일 것이다.

그러한 신념은 결과적으로 다른 사람에게 자신의 좋지 않은 이야기를 하거나 도움을 청하는 것을 어렵게 만들기 때문에 은둔하는 남성의 비율이 높은 것이라 본다. 한 청년은 다른 사람에게 도움을 청하는 것을 수치스러운 일이라고 여겼다고 말한다. 그는 혼자서 문제를 해결하려다가 은둔이라는 어려움을 겪었다고 한다. 수치스러움을 이겨 내고 도움을 청하라는 말이 이러한 경우를 잘 설명해 주고 있다.

대부분의 청년은 은둔으로 돌아가고자 하는 습성을 아직도 가지고 있다. 이들이 은둔의 시간을 지나면서 학습된 무기력은 쉽게 없어지는 것이 아니다. 학습된 무기력이 내면화되는 과정은 개인이 행동과 환경을 계속 통제하고자 하지만 통제 불가능한 상황에 계속 노출되면서 결과를 통제할 수 없다는 것을 학습하고, 상황이나 환경에

위협을 받으면서 반복되는 실패와 통제할 수 없는 상황을 인식하게
되면 지속적인 우울감과 실패감, 불안감을 경험하게 된다는 것이다
(강채미, 2021). 그래서 은둔으로 가는 것을 피하려고 프로그램이나
활동 등을 하면서 마음을 다잡게 된다. 은둔의 경험은 두 번은 하고
싶지 않은 것이기 때문이다.

　은둔의 시간을 보내고 있는 사람들이 도움을 구할 수 있는 곳이
많아져서 그들이 은둔으로부터 나올 수 있도록 도와야 한다. 그런
후에는 혹시라도 다시 은둔으로 갈 수 있는 요인들을 극복하기 위해
적응력을 향상시키는 센터나 기관이 필요하다고 은둔 경험 청년들
은 한목소리로 말한다. 은둔은 개인의 문제가 아니기 때문에 혼자서
혹은 가정에서 해결하려다가 오히려 상태를 악화시킬 수 있다.

　그들이 은둔에서 나올 수 있도록 도움을 주는 제도적인 장치가 필
요하다. 이를 위해서는 국가적인 차원에서의 지원이나 지지가 필요
하다고 생각하고, 어떤 노력이 필요할지에 대한 고민을 해야 한다.
그들이 결심해서 어렵게 나왔는데 다시 제자리로 돌아가지 않도록
해야 하기 때문이다. 한 청년이 그녀의 경험을 이야기하는데 서울시
에서 별다른 홍보 없이 은둔형 외톨이를 위한 프로그램을 진행했더
니 예상 외로 많은 지원이 있어서 매우 놀랐다는 말을 했다. 이는 우
리의 손이 닿지 않는 곳에 얼마나 많은 은둔 청년이 있는지를 보여
주는 단적인 예이다. 이제는 은둔하고 있는 청년들을 위해 모두 함께
힘을 합쳐야 할 때이고, 특히 국가적인 노력과 지원이 절실하다.

　'소 잃고 외양간 고친다.'라는 우리나라 속담이 있다. 우리나라에
서 은둔형 외톨이가 많아지기 시작한다고 하면서 얼마나 많은지 알
수 없다고 한 해가 2005년이었다. 그 후 거의 20년이라는 시간이 흘
렀다. 이 시간을 어떻게 보내었느냐는 회의가 든다. 소 잃고 외양간

을 고치기에도 너무 많은 시간이 흘렀다. 은둔형 외톨이의 숫자는
헤아리기도 어렵다고 한다. 그들은 나타나지 않기 위해 숨어 버렸기
때문이다. 그래서 은둔을 경험한 청년들은 목소리를 내기 시작했다.
이 목소리는 그들만의 목소리가 되어서는 안 된다. 이제는 모두 같
이 한 목소리를 내주어야 하는 때라는 것임에는 누구라도 동의할 것
이라 믿는다.

2) 심리-체계적 접근 방법으로 살펴보기

인간은 혼자서만 살아갈 수 없는 사회적 동물이다. 그러한 이유로
혼자서 살아가는 것이 아니라 서로 영향을 주면서 살아가게 된다.
그래함(Graham, 1992)은 사회적인 약자가 스스로 약자가 된 것이 아
니라 사회적인 체계가 그들을 만들어 낸 것이라는 의견을 중심으로
심리-체계 접근 방법을 전개했을 뿐 아니라 실제로 사회적인 상황
에 맞게 약자를 보려고 노력했다. 그의 이론에 따르면 각각의 요소
가 체계적으로 서로 영향을 미친다는 것이다. 이때의 요소는 경험,
개인, 가족, 사회, 문화, 자연이다.

은둔형 외톨이를 심리-체계적 접근 방법에 근거하여 개인, 가족,
사회, 문화의 요소로 살펴보고자 한다. 그래함(Graham, 1992)은 개
인을 설명할 때 힘의 중심으로서의 개인과 대치되는 가치들의 종합
으로서의 개인을 설명하면서, 개인은 받고 종합하며 재구성하는 주
체로서 경험적 실체를 계속 축적하고 소화하며 처리해 나간다고 말
한다. 은둔 경험을 가진 청년에게 개인을 대비해 보았을 때 그들이
가지고 있었던 심리적인 힘은 어려서부터 가족이라는 거대한 힘에
눌려서 제대로 된 역할을 해 보지 못했음을 알게 되었다. 힘이 서로

작용해야 하는 환경의 부재는 관계의 어려움을 가져오게 되었고, 살아보려고 힘을 내 보지만 그러기에는 역부족인 그들은 은둔이라는 결정을 내리게 된다.

개인은 자기의 육체와 정신 그리고 세상이라는 환경과 서로 관계를 맺으며 살아가는 존재이고, 개인을 구성하는 체계는 그만큼 많고 복잡하다(김병훈, 2014). 그래서 개인은 서로 사랑하며 사랑받는 관계의 장을 가져야 하는데, 이 관계의 장이 가족이다. 개인은 가족이 없을 때 소속감을 강화할 수 없다. 개인은 가족의 영향을 받고, 가족과의 관계에서 다양한 경험을 만들기도 하고 서로 받아들이기도 한다. 이렇듯이 가족은 관계를 경험하는 장으로서 중요한 역할을 한다. 은둔을 경험한 청년들은 이러한 관계를 맺을 기회를 많이 얻지 못했다. 이 상황을 직시하며 가족 간에 겪어야 했던 갈등과 상황이 단지 가족의 문제인가라는 질문을 던지게 된다. 가족은 결국은 사회의 한 구성요소이기 때문이다.

사회에서 인식하는 은둔형 외톨이에게 향한 시선에 대한 고민도 필요하다. 몇 년 전에 은둔 경험을 했던 필자의 아들을 통해 은둔형 외톨이에 대해 알게 되기 전에는 이것이 그저 가까운 주변 국가인 일본에서 흔히 일어나는 일이라고만 여겼다. 물론 우리나라에도 어느 정도 있다고는 알고 있었지만 직접 은둔형 외톨이에 대해 관심을 가지면서 알게 된 사실은 알려진 은둔형 외톨이는 빙산의 일각이라는 것이었다. 아들의 은둔에 대해 주위 사람들에게 말하기 시작하면서 주변에 알려지지 않은 은둔형 외톨이가 많다는 사실을 알게 된 것이다. 아들의 경험에 관한 이야기를 공개한 것이 은둔의 시간을 보내고 있는 자녀나 지인이 있는 사람들로 하여금 자신들의 이야기를 하도록 유도한 셈이 된 것이다. 이렇게 그들이 알고 있는 은둔형 외톨이에 대해 드러내게 된 이유가 필자와 공감대를 형성했기 때문이라고 볼 수 있으므로 만약 그들과 같은 상황을 겪지 않았다면, 은둔형 외톨이의 상황에 대해서 자각하기는 쉽지 않았을 것이다.

그러면 우리나라에서는 왜 이런 상황이 드러나기를 원하지 않는지에 대해 궁금증이 생긴다. 가정에서도 이들의 존재가 외부로 드러나지 않기를 바란다고 느꼈기 때문인데, 그 이유로는 사회에서 이들을 받아들이려 하지 않거나 고정 관념으로 인하여 배척하고 있는 것이지 않을까 가정해 본다.

우리나라의 전통사회는 유교의 영향으로 체면을 중요하게 생각하는 사회였다. 현대사회로 오면서 체면문화는 많이 변해야 한다고 공론화하고 있지만 사람들에게 스며들어 있는 이러한 문화가 없어졌다고는 보기 어렵다. 다른 사람보다 잘 사는 것처럼 보이고 싶어 하는 것도 체면문화와 연관이 있다고 본다. 그래서인지 우리나라 부모들은 자식 자랑하는 것을 하나의 관습적인 일로 여기면서 오히려 즐기는 경향이 많다. 이런 현상을 보이는 것은 자녀의 잘됨이 자신들의 성과라는 인식이 팽배하기 때문이다. 그렇다면 역으로 유추해 보면 그들의 체면에 손상을 끼치는 일에 대해서는 암묵적으로 입을 닫게 되는 것이기에 은둔하고 있는 자녀에 대해 입을 닫게 되는 것이지 않을까로 생각이 미친다. 이와 같은 현상을 봤을 때 체면을 중요시하는 문화가 영향을 주고 있다고 볼 수 있다. 문화는 개인들의 심리 내면에 어떤 가치를 두고 살고 있느냐는 것이다. 은둔형 외톨이의 삶이 사회적인 결격사유라고 생각하는 가족에게 은둔한다는 것은 그들이 가지고 있는 내면의 가치와 상반된 것이고 사회적인 체면을 무너뜨리는 일이라 여겨서 은폐하고 싶을 것이다.

이상으로 개인, 가족, 사회, 문화의 요소로 은둔형 외톨이에 접목해 보았다. 심리-체계적 접근에서 체계 요소들은 다음의 다섯 가지 원칙으로 상호적으로 연결되어 있다. 그것은 상황적 조직구성, 상황적 창의성, 이중 구조적 영향력, 경쟁적 가치들, 상호적 거래이다. 이와 같은 작동 원리를 가지고 은둔 경험 청년들을 조명하면서 그들을 돕기 위한 방안을 고민해 보려고 한다.

(1) 상황적 조직구성(contextual organization)

개인, 사회, 문화 그리고 자연은 하나의 통합된 체계이기보다는 내부에 작은 체계들이 있다. 이런 작은 구조들은 전체의 큰 체계들과 서로 영향을 미치고 있다(Graham, 1992). 상황적 조직구성은 이러한 전체 체계와 하위 체계가 서로 힘을 주고받으며 전체적인 조직의 통합성으로 나가는 것을 의미한다(김병훈, 2014).

은둔형 외톨이의 경우 이러한 질서가 깨어져서 이들이 사회의 일원으로서 역할을 할 수 없도록 만들어진 상황이다. 이런 상황을 이해하기 위해서는 그들이 은둔을 선택하게 된 이유를 파악하는 것이 필요해 보인다. 은둔을 경험한 청년들은 앞의 이야기에서도 볼 수 있듯이 대부분 가족과의 갈등이 있었다. 먼저는 아버지의 폭력 성향이 청년들에게는 위협적이었고, 숨을 쉴 수 없게 만드는 요인이 된다. 신체적인 폭력도 사람을 무기력하게 만들지만 언어폭력은 영혼을 멍들게 하기에 충분했다. 아버지는 사회적인 압박의 영향이라는 요인과 함께 자신이 이루지 못한 사회적 기대를 자녀에게 투사하고, 그것이 이루어지지 못함을 한탄하면서 이것이 폭력으로 이어졌다. 이런 상황들은 청년들을 화나게 하기도 하고, 심리적인 어려움에 빠지게도 하는 것이었다.

그러다가 학교에 가게 되지만 학교마저도 안전한 공간이 아니었다. 잘 지내 보려고 노력해 보기도 했지만, 오히려 돌아오는 것은 친구들로부터 따돌림을 당해서 친구들과 못 어울리기도 하고, 폭력을 당하면서도 어떤 대응도 하지 못한 채 가족들의 도움이 절실했지만 이러한 일들을 가족에게 알려도 당사자에게 도움이 될 만한 반응을 기대할 수 없었다. 형제들과도 마찬가지로 갈등이 존재했다. 형제가 같이 은둔했던 청년도 있었는데 서로 이해하고 위로가 되어 주는 것이 아니라 오히려 서로에게 아픔을 투사하면서 상처를 덧나게 했다.

그리고 소수의 경우이기는 하지만 경제적인 문제도 연관이 있다. 그 이유는 아버지들의 분노의 표출이 경제적인 상황과도 많은 연관이 있었기 때문이다. 어느 청년의 경우에 아버지의 사업이 어렵다가 현재는 사업이 잘되어서 잘살게 되니까 확실히 폭력 성향이 줄어들었다고 말하는 것을 듣게 되었다. 이렇게 여러 이유로 그들은 어려움을 겪게 되었고, 그러한 어려움을 오랜 시간 참으면서 견뎌 온 결과는 은둔의 시간으로 표출되었다.

앞의 사실들로 알 수 있는 것은 전체적인 체계가 서로 힘을 공평하게 주고받으면서 전체적인 조직의 통합성을 가지고 가야 하는데, 통합성을 깨뜨리는 방해 요인이 발생하게 되면서 체계들이 힘을 골고루 분배하는 것이 어렵게 되어 한쪽에 과도한 힘이 몰리며 통합성이 깨어진 것을 알 수 있다.

(2) 상황적 창의성(contextual creativity)

상황적 창의성이란 개인, 사회, 문화가 자체적으로 창의적 진보를 향해 나가는 것을 말한다(Graham, 1992). 이는 현재의 구조를 새로운 가능성으로 연결하는 자체적인 발전이다. 창의성은 정체된 체계에 변화를 주어서 삶의 영역에서 변화하도록 도와준다(김병훈,

2014).

은둔을 경험한 청년들은 무한한 가능성을 꿈꾸어야 하는 청년기를 보내고 있다. 그리고 청년기는 스스로 독립하여 꿈을 형성하며 앞으로 살아갈 인생을 설계하는 시기이다. 따라서 은둔을 경험한 청년들도 활기찬 청년의 삶을 꿈꾸고 있을 것이다. 그러나 그들이 활기차게 자신만의 삶을 살기에는 환경의 변수가 지대한 영향을 주었다.

인간은 사회적 동물이다. 사회 안에서 관계를 맺으면서 살아가야 하는데 청년들에게는 가족 안에서 시작된 관계의 어려움이 그들이 사회에서 관계를 잘 맺으며 살기에 힘든 요인이 된다. 청년들이 겪어야 하는 사회의 현실은 경쟁을 일으키고 경쟁에서 지면 도태된다고 말하며, 좋은 학벌만이 모든 것을 이루어 준다는 끊임없는 압박으로 그들을 은둔으로 가도록 만든다.

주어진 상황에서 잘 적응하면서 살아 보려고 운동에 전념해 보기도 하고, 환경을 바꿔 보려고 세상이나 부모를 향해서 반항도 해 보았지만 이미 심리적인 어려움을 겪어야 했던 그들은 힘을 발휘하기에 너무 지쳐 있었다. 현재의 잘 소통되지 않는 구조나 정체된 시스템을 새로운 가능성으로 연결하기에는 힘이 부족해진 상태로 보인다. 이런 이유로 체계에 혼란과 무질서를 가져오게 되면서 은둔의 시간으로 들어가게 된다. 이러한 혼란과 무질서를 통합으로 나아가도록 도와주는 역할이 필요하다. 그들의 경우에는 외부의 도움을 받게 되면서 은둔에서 벗어나게 되는데 이때 역할을 해 준 것이 셰어하우스와 은둔 고수 프로그램이었다. 셰어하우스에서의 단체생활을 통해서 삶의 질서를 다시 찾게 되었고, 여러 가지 프로그램을 통해서 사회적응을 위한 연습을 하면서 무너졌던 일상을 회복하고 있었다.

은둔 고수 프로그램을 통해 이들은 은둔 경험이 있는 상담자들로부터 상담을 받기도 하고 관계에 관한 강의를 듣기도 하면서 청년기에 해야 할 일들을 꿈꾸면서 사회로의 복귀를 준비하게 된다. 은둔을 경험한 청년들은 이러한 셰어하우스나 은둔 고수 프로그램의 도움을 받아 자기의 삶을 찾아가고 있지만 이러한 도움은 현실적으로 도움을 바라고 있는 은둔형 외톨이의 숫자에 비하면 터무니없이 부족하다. 서울시청과 연계해서 사업을 한 적이 있는 한 청년의 말에 의하면 실제로 서울시청에서 프로그램 진행을 할 때 많은 광고도 하지 않은 상태에서 은둔형 외톨이를 찾았는데 예상보다 너무 많은 숫자의 신청을 받게 되어 당황스러웠다고 한다. 국가적인 차원에서나 지자체에서의 현실적인 도움의 방안을 찾는 것이 시급하다는 것을 나타내 주는 부분이다.

(3) 이중 구조적 영향력(bi-polar power)

힘은 서로 주고받는다. 양극적 힘은 힘을 주는 자와 받는 자가 영향을 주고받기 때문에 균형이 중요하다(김병훈, 2014). 균형이 이루어지면 관계가 건강해지고, 이루지 못하면 파괴와 무질서를 가져오게 된다(Graham, 1992). 이때 한쪽에서만 일방적인 힘을 준다면 다른 한쪽은 힘을 잃게 된다. 그렇게 되었을 때 좋지 않은 결과를 가져오게 된다.

은둔을 경험한 청년들이 은둔으로 가는 계기의 원인을 굳이 찾자면 가족과의 관계에서의 어려움이라고 말할 수 있을 것이고, 부모들의 일방적인 힘에 굴복되어 그들이 힘을 발휘할 수 없게 되었다. 그런 가족과 함께 살 수가 없어서 노숙까지 하게 되지만 결국은 아버지와 부딪히게 되었고, 그 결과 중환자실에 입원까지 하게 된다. 적당한 힘들이 오갈 때는 문제가 생기지 않지만, 한쪽에서 일방적으로 참다가 터지게 되는 경우는 이런 불행한 일도 발생한다는 것을 알게 된다.

또 다른 청년은 외할머니로부터 끊임없이 공부를 잘해야 성공할 수 있다는 메시지를 들으면서 성장했다. 심지어 외할머니는 어머니가 공부를 열심히 하지 않았기 때문에 지금의 남편을 만나서 고생한다는 말을 거리낌 없이 하는 분이었다. 그런 환경에서 자란 그는 늘 공부를 잘해야 했는데 중학교 때 미국으로 가서 살게 되면서 상황은 달라졌다. 학교에서 관계의 어려움을 겪게 되었고, 학업을 계속할 수 없을 정도로 우울감이 심해져서 휴학을 해야만 했다.

한 청년은 부모로부터 오는 것이었지만 인정할 수 없는 힘에 대응하기 위해서 과도하게 파이팅을 했었다. 그 결과로 대인기피증까지 오게 되었고, 이를 더는 견디기 힘들어서 과잉으로 힘을 주며 살았던 것을 내려놓으니 세상은 조용해지고 잘 돌아가는 것처럼 보였으나 본인에게는 은둔의 시간이 찾아왔다고 말한다. 상식적이지 않게 과한 한쪽의 힘을 견디기 위해 청년은 너무 힘을 쓰게 되면서 심리적인 어려움을 겪게 되었다. 은둔형 외톨이의 경우 힘의 균형이 깨어져서 힘을 주고받는 관계가 병이 들었다고 볼 수 있다. 힘이 어느 한쪽으로 치우치거나 상호적으로 흐르지 않을 때는 고착되고 서서히 무질서와 혼란을 가져오기 때문이다. 힘의 분배가 적절하게 잘 이루어지도록 도와야 한다.

(4) 경쟁적 가치들(contending values)

경쟁적 가치들은 상황이나 사회, 문화 등에 따라 우선순위가 달라질 수 있다(김병훈, 2014). 가치가 상충될 때 힘을 가진 자에 의해 힘없는 약자는 상황에 적응해야 하는 상황이 되기에 이럴 때는 사랑으로 힘의 균형과 조화를 이루어 가야 한다(Graham, 1992).

사람들은 자신이 중요하다고 생각하는 것을 추구하면서 살아간다. 이를 가치라 하고, 자신이 소중하게 여기는 가치에 대해 많이 알수록 이것이 삶을 자극하는 진정한 원동력이 된다. 우리는 살아가기 위해 사회에서 생활을 해야 하기에 이러한 가치를 갖게 되는 데는 사회의 역할이 많이 부분을 차지한다. 이러한 관계로 사회구성원들 대부분은 비슷한 가치를 갖고 살아가기도 하고, 또 다른 소수의 경우는 어느 정도 동떨어진 다른 가치를 가지고 살게도 된다.

현재의 우리 사회가 추구하는 가치가 무엇인지를 알아보는 것은 매우 중요한 일이다. 삶을 잘 영위하기 위해 추구하는 것들은 대체로 물질적인 것과 많은 연관이 있다. 우리가 살아가고 있는 사회는 돈이면 무엇이든지 할 수 있다는 가치가 만연한 사회이고, 사회에서 성공한다는 것은 부를 축적하는 것과 맞닿아 있다. 이와 같은 현상으로 대부분의 청년도 돈을 잘 벌어야 한다는 생각에 몰입되어 있고, 그래서 비트코인과 주식에 투자하는 등 부를 축적할 계획에 몰두하고 있다. 무엇보다 돈을 버는 것이 사회에 만연한 가치가 된 것이다. 그와 함께 돈을 잘 벌기 위해서는 학벌이 중요하다고 여기고, 이를 위해서 경쟁적으로 치열하게 살아서 좋은 학교에 가야 하고, 그래야 성공한다는 신념으로 살아가기도 한다. 이러한 가치들은 그와는 다르게 사는 사람에게 삶의 의지를 느끼지 못하게 만들기도 하고, 세상을 각박하게 만드는 요인이 되기도 한다.

얼마 전에 필자가 사회에 만연한 가치에 대해 직접 경험한 이야기이다. 필자는 가끔 카페에 가서 쉬는 것을 좋아한다. 커피도 마시고 지인들과 이야기도 하면서 그 사이 쌓여 있던 스트레스도 함께 날

려 버리는 시간을 갖는다. 몇 주 전에 그런 마음으로 남편과 남한산
성에 있는 한 카페에 앉아 있었다. 눈까지 내리고 있었고, 커피도 맛
있었고, 스트레스가 다 날아가리라 기대하고 있었다. 그런데 그곳에
이미 자리하고 있는 청년들이 있었는데 그들의 목소리로 인해 휴식
에 방해를 받았다. 그와 동시에 그들의 대화내용을 고스란히 들어야
만 하는 상황이 되었다. 대부분의 대화 내용은 어디에 투자하면 어
떤 이익을 얻을 수 있다는 것과 같은 내용이었다. 물론 그런 동아리
모임일 수도 있고 그런 가치를 추구하는 사람들의 모임일 수 있다고
애써 이해했지만 한편으로는 씁쓸한 마음을 감출 수 없었다. 그와
동시에 필자의 힐링스팟이 스트레스를 주는 장소로 변하는 순간이
었다.

　물론 이들에게 사회에서 준 영향이 많을 것이라 생각되었다. 사회
에서 흔히 보여 주는 비합리적인 신념들, 좋은 대학에 가는 것이 미
래를 결정한다거나, 스펙이 많아야 좋은 직장을 얻을 수 있다거나,
스펙이 없으면 게으른 것이라거나 이런 신념들이 은둔을 겪고 있는
청년들이 세상으로 나오려고 할 때 얼마나 큰 걸림돌이 될 것인지는
두말하면 잔소리가 되지 않겠나……. 이러한 잘못된 신념이 말로 표
현될 때 결국은 은둔형 외톨이를 향한 배려 없는 행위가 되지 않을
까 우려된다. 무신경하게 던진 한 마디 말이 그들에게는 엄청난 상
처가 될 수도 있음을 기억해야 한다.

　물론 자신의 미래를 위해 무엇인가를 이루어 가려고 열심히 살고
있는 사람들을 폄하하려는 것은 아니다. 단지 자신이 열심히 살고
있는 것이 다른 사람을 평가하는 잣대로 작용하면 안 될 것이라는
말이다. 사회적으로 눈에 보이는 것이나 물질적인 것과 관련된 것에
가치를 두고 그런 가치들만이 최고의 가치인 것처럼 종용하거나 그

렇게 살지 못하고 이루지 못한 사람을 그들만의 가치로 저평가하지 말라는 것이다. 이는 사회적으로 이미 형성되어 있는 프레임을 최고 의 것으로 여기지 말고 다름에 대해 인정하면 좋겠다는 바람이다. 이제는 우리가 사회를 바꾸어야 할 때라고 조심스럽게 말하고 싶다. 그래함(Graham, 1992)이 사랑으로 힘의 균형을 맞추고 조화를 이루 어 가야 한다고 하는 것처럼 우리도 이런 사랑에 가치를 두고 나와 는 다른 사람들과의 조화를 이루어 가야 한다고 느낀다.

(5) 상호적 거래(reciprocal transactions)

상호적 거래는 심리 체계에서 순환적인 결과를 가져오는 과정으 로, 순환적 실천들은 우리가 하는 실천이 선순환을 가져올 수도 있 고, 악순환을 가지고 올 수도 있다는 것이다(Graham, 1992). 개인, 가족, 사회, 문화 그리고 자연이 선순환으로 실천하도록 돕는 것이 필요하다. 작은 선순환을 돕는 실천이 시스템을 원활하게 돌아가도 록 만들기 때문이다.

앞서 말한 사회적인 압박은 악순환을 가져오기에 충분하다. 그러 면 어떤 노력이 선순환을 가져올 수 있을지를 고민해 보면 좋겠다. 은둔형 외톨이가 사회에서 이해되기 위해서는 상호적 거래에서 선 순환되지 못하고 악순환되고 있는 결정적인 것을 발견하는 과정이 필수적이다. 이를 위해서 은둔형 외톨이의 이야기들을 많이 알려서 사회구성원들의 마음을 움직이는 역할을 해 주는 것이 중요하다. 매 체의 도움을 받는 것도 한 방안이 될 수 있다. 이미 공중파 방송에서 도 은둔형 외톨이를 알리고 이해하기 위한 시도를 끊임없이 하고는 있다. 이러한 매체들의 노력이 선순환을 가져오는 마중물이 될 수 있으면 좋겠다는 마음이다.

은둔을 경험한 청년들이 아직도 사회에 적응하느라 고군분투 중이다. 관계가 힘들어서 선택했던 은둔이었지만 은둔으로부터 나와 보니 더 어려워진 관계를 맞이하게 되었다. 그래도 적응을 위해서 프로그램에 참석하며 관계의 문제를 해결하려고 노력하고 있다. 적응을 위한 프로그램들이 다양하게 진행될 수 있도록 하는 것이 절실한 까닭이다. 그들의 이야기를 들어 보면 처음에는 프로그램에 참여하는 것만으로도 너무 힘들었다고 한다. 한 번을 가고 나면 두 번 가기는 힘들겠다고 느끼는 경우도 많았다. 그래도 다시 힘을 내서 나갈 수 있었던 것은 프로그램에서 진행을 돕고 있는 스태프들의 환대하는 분위기 덕분이었다고 한다. 무엇을 해도 수용해 줄 것 같은 분위기가 그들로 하여금 다시 그곳으로 걸음을 하도록 만들었다는 것이다.

이렇게 힘든 발걸음을 띠고 있는 이들에게 우리가 해 줄 수 있는 것들을 찾아봐야 한다. 이들의 노력에 사회가 함께 발을 맞추어 준다면 이들의 사회 적응 기간을 단축할 수 있을 것이기 때문이다. 이와 함께 사회적인 지원이 절실하다. 지금도 은둔을 경험하는 중이거나 은둔을 경험한 청년을 돕기 위해 여러 사회단체에서 지원을 위해 애를 쓰고 있지만 현재 발생된 은둔형 외톨이의 숫자에 비하면 재원이 턱없이 부족해서 도움을 주기에 한계가 있기 때문이다. 범국가적인 차원의 지원이 필요한 시점이다.

앞의 내용을 중심으로 그려본 심리-체계 조직도는 다음과 같다.

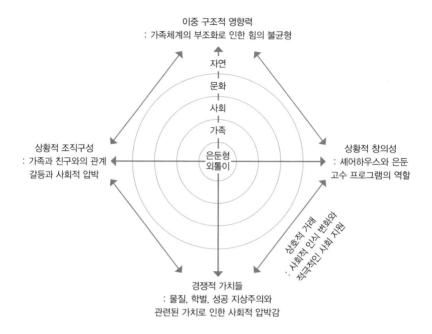

이중 구조적 영향력
: 가족체계의 부조화로 인한 힘의 불균형

자연

문화

사회

가족

은둔형
외톨이

상황적 조직구성
: 가족과 친구와의 관계
갈등과 사회적 압박

상황적 창의성
: 셰어하우스와 은둔
고수 프로그램의 역할

상호적 거래
: 사회적 인식 변화와
적극적인 사회 지원

경쟁적 가치들
: 물질, 학벌, 성공 지상주의와
관련된 가치로 인한 사회적 압박감

17. 사회 적응을 위해

이제는 그들을 위해 구체적으로 무엇을 해 주어야 하는지에 대한 고려가 필요하다. 그래서 개인, 가족적인 접근과 사회에서 해 줄 수 있는 것이 무엇인지를 은둔을 경험 중이거나 경험한 청년들에게 접목할 수 있는 해법을 찾아보려 한다.

1) 개인적인 접근

개인적으로 접근하기에 앞서 무엇보다 선행되어야 할 점은 가족의 노력이다. 은둔형 외톨이는 늘어 가고 있으나 가족들은 이를 숨기려 한다. 심지어는 부모도 회피적이 되어서 다른 사람들과의 관계를 줄이려는 경향이 있다. 이는 자녀와 함께 은둔으로 가려고 하는 것이다. 이제는 그들이 거리낌 없이 자녀의 은둔을 드러낼 수 있도록 도와주어야 한다. 숨기려 든다면 오히려 역효과가 날 수도 있고 안 좋은 결과를 만든다. 이를 위해서는 가족의 문제라고 여기며 무관심했던 사회의 노력이 필요하다. 은둔을 하고 있는 청년들이 드러나도록 하는 일은 사회가 감당해 나가야 할 일이다.

우리가 알다시피 우리 사회가 한편으로는 경직되어 있다는 것을 간과할 수 없다. 경직되어 있는 것을 풀어내기 위해서는 변화를 위한 노력이 필요하다. 이러한 변화를 위해서 필요한 것이 어느 정도의 상황적 창의성이다. 이는 힘을 재분배하면서 균형을 이루어 유기체적 변화가 일어나게 한다. 물이 흐를 수 있도록 물길을 터 주는 일이다. 은둔을 경험한 청년들이 그 막힌 물길을 터 준 역할을 해 준 곳으로 셰어하우스와 은둔 고수 프로그램을 꼽는다. 셰어하우스는 물리적으로 가족으로부터 벗어남으로써 자유로움과 안도감을 주었다. 사회에서 변화를 위해서 해 주어야 하는 것에도 이러한 숨 쉴 곳을 많이 마련해 주는 것이 포함된다. 그리고 그들에 대한 편견이 없도록 배려를 해 주는 일이 여기서 말하는 상황적 창의성이 될 것이다. 셰어하우스나 은둔 고수 프로그램에는 무엇을 해야 한다는 압박이 아니라 기다림이 있었고 이해, 배려, 사랑이 있었다. 우리가 살아가는 사회가 이러한 역할을 해 줄 수 있기를 간절히 바라게 된다.

셰어하우스가 은둔 중에 있는 청년들을 은둔에서 나오도록 하는 다리의 역할을 했지만, 다리를 지나서도 가야 할 길이 멀다. 그곳이 종착점이 아니라 시작점이라는 것이다. 앞에서 제시한 청년들의 이야기에서도 보았지만 그들은 이미 심리적인 어려움을 겪고 있다. 그래서 먼저 상담적인 접근이 필요하다. 그들이 겪었던 어려움에 대해 충분히 공감해 주고 단추가 잘못 끼워진 지점을 깨닫도록 도와주어야 한다. 잘못된 지점에 있었던 여러 가지 일이 그들의 잘못이 아니었다는 것을 알려 주고 그 기억으로부터 원래의 모습으로 회복되도록 도와주어야 한다.

현대인들이 세상을 살아가기 위한 적응의 한 형태로 거짓자기의 모습으로 살아가야 하는 경우가 있다. 물론 앞에서도 언급했듯이 거짓자기가 다 안 좋은 것이라 말할 수는 없다. 왜냐면 사회에 적응하고 살아가기 위해 이것이 필수적인 것일 수도 있기 때문이다. 그러나 참자기가 소외된 거짓자기로 인해 피폐해지고 본모습을 잃게 되면서 갈등을 겪을 우려가 많다. 은둔을 겪고 있는 청년들에게도 종종 발견되었던 모습이다. 그래서 참자기가 어디에 있는지조차 알 수 없고, 그러한 삶은 공허한 삶이 될 수 있는 것이다. 그러한 공허로부터 벗어나기 위해서는 소외된 참자기를 회복해야 한다. 자기다운 모습을 되찾을 수 있는 노력이 선행되어야 한다. 이 또한 상담이 진행할 때 충분히 고려되어야 할 사항이라 볼 수 있다.

아직 나올 엄두조차 내지 못하고 있는 청년들에게는 찾아가는 상담이 필요하다. 은서의 경우에도 찾아오는 상담을 통해서 나갈 힘을 얻었다고 하는 것으로 봐서도 그렇다. 그래서 힘이 생기고 나가서 상담도 받게 되고 일이나 학교에 나갈 수 있게 되었을 때는 코칭을 통해 그들의 미래를 위한 비전을 주어야 한다. 상담으로만 끝나도 좋지만 그들은 오랜 기간을 집에서만 지내 왔기 때문에 현실에 대한 감각이 다른 청년들보다 취약할 수 있다. 코칭을 통해서 그들이 현실을 인식하도록 돕고, 자신이 갖고 있는 장점이나 재능을 발견할 수 있도록 해 주어야 한다. 이를 토대로 미래에 대한 목표를 설정하

고 그 목표를 향해 갈 수 있는 구체적인 밑그림을 그릴 수 있도록 해
주어야 한다. 이 부분은 필자가 청년들을 만나면서도 절감했던 부분
이다. 그들은 하나같이 미래에 대해 불안하다고 말했다. 그리고 질
문했다. "그래서 이제는 어떻게 해야 하나요?" 이 질문을 앞에 놓고
함께 살아가는 우리들이 답을 찾을 수 있도록 도와주어야 한다. 개
인 코칭을 진행할 때 사용하면 유익할 프로그램을 한 가지 소개해
보려고 한다.

〈개인을 위한 프로그램〉

회기	주제	회기 목적	세부 내용
1	나는 이런 사람이야!	자기 발견	- 코칭을 통해 기대하는 점 - 나는 누구?
2	나에 대해 알아볼까?	자기 발견	- U&I 학습 유형검사 - 검사 결과에 따른 자기 인식
3	나의 성공 경험	성공 경험	- 지난 1년을 통해 내가 얻은 것
4	후회되는 점과 교훈	자기 인식	- 지난 1년간 아쉬웠던 점 - 그것을 통해 배운 교훈 - 실패의 재인식
5	소극적인 나 극복하기	자기 인식	- 역할에 따라 바라는 나의 모습 - 소극적이게 하는 나의 방해물
6	가치관 경매	가치 발견	- 내가 중요하게 생각하는 가치 - 우선순위와 기회에 대한 인식
7	나의 핵심가치를 찾자	가치 발견	- 가치표를 이용한 가치찾기 - 가치의 주관적인 재정의 - 핵심가치 세 가지 찾기
8	꿈찾기	꿈찾기	- 나의 꿈 목록 작성 - 내가 진정 원하는 꿈은?
9	미래계획 세우기	목표 설정	- 나는 어떤 사람이 되고 싶은가? - 무엇을 준비할 것인가?

10	도전 성취 목표	목표 설정	– 1년 동안 성취하고자 하는 목표 – 6개월, 한 달, 일주일 목표 세우기
11	시간관리	시간관리	– 현재 나의 버려야 할 시간과 늘려야 할 시간
12	실천 시스템	실천	– 목표 달성을 위한 계획 및 상호책임제

이상의 코칭 프로그램을 통해서 자신에 대한 이해를 먼저 돕고, 인식의 과정을 거친다. 그런 후에는 자신이 무엇을 좋아하는지 꿈찾기를 하면서 그 꿈을 이루기 위한 세부적인 목표를 설정해 본다. 목표 설정을 이루기 위해 계획을 세우고 그 계획을 실천하기 위해 세부적인 시간관리나 실천을 위한 시스템을 구축하면서 코칭을 마치게 된다. 이러한 코칭을 통해서 지금까지의 삶에서 소외되었던 희망과 열정을 다시 회복하는 시간이 될 것이다.

필자가 얼마 전에 어느 청년센터에서 은둔 경험을 가진 청년을 대상으로 특강을 진행한 적이 있다. 주로 은둔 경험 청년들의 이야기를 나누는 시간이었다. 마지막 부분에서 은둔을 경험한 청년들에게 필요한 것이 상담과 코칭이라는 말을 하면서 강의를 마쳤다. 강의가 끝난 후 질의응답 시간에 한 청년이 코칭에 대해 반색을 하면서 자신의 경험을 이야기한다. 상담을 받으면서 들었던 생각이 '그래서, 뭐……'였다고 한다. 앞으로의 삶을 어떻게 보내야 하는지 고민하고 있는데 상담은 받아 주기만 하는 것이라는 느낌이 들어서 지루했었고, 심지어는 상담사와 좋지 않은 관계가 되면서 상담을 종결했다고 말한다. 그러면서 코칭의 필요성이 절실한데 자신은 그런 경험을 하지 못했다고 말했다. 그래서 필자와 더 많은 이야기를 나누고 싶어 했지만 제한된 시간으로 인해 다 나누지는 못했던 것이 아쉽다고 했다.

　　관계의 불편함을 많이 호소하는 문제이기도 해서 그런 관계의 불편함을 해소하기 위한 프로그램이 있으면 좋겠다는 것에 생각이 미치게 되었다. 왜 관계가 힘든지를 염두에 두고 보니 표현을 잘 못하는 것이 많은 부분을 차지하고 있다는 것을 발견하게 되었다. 잘못된 표현으로 인해 서로 상처를 주고받게 되는 것을 자주 보게 되기도 한다. 필자의 경우도 마찬가지였다. 그래도 여러 가지 표현하는 방법이나 마음을 나누는 것에 대해 많은 고민이 있어서인지 지금은 그래도 잘 표현하고 있다고 느끼지만 때로는 오히려 벽을 만나는 듯한 마음이 들 때도 있다. 관계를 잘하기 위한 첫걸음은 자신을 잘 표현하는 것이라 보고, 자기표현 능력을 향상하고 사회적인 지지를 향상시켜서 사회에서의 적응을 돕고 대인관계 능력을 향상시키기 위한 집단 프로그램을 소개하고자 한다. 프로그램의 목표는 청년들에게 내재된 스트레스와 소통의 어려움을 감정을 잘 표현하도록 하면서 스트레스를 해소하고 관계의 소통을 연습하고 향상시키는 것이다. 그 내용은 다음과 같다.

〈자기표현 향상 프로그램〉

회기	주제	내용
1	친해지기	1. 라포형성 2. 자기소개
2	자신을 표현해 보기(1)	1. 팀 빌딩(팀명, 팀 규칙 등 정하기) 2. 세탁기 통돌이 게임
3	자신을 표현해 보기(2)	1. 손가락 그리기(장점, 단점) 2. 속담: 몸으로 말해요.(속담을 몸으로 표현)
4	자기를 표현해 보기(3)	1. 인생그래프(현재의 나의 상태 파악) 2. 스피드퀴즈
5	나를 사랑하기(1)	1. 동굴화 그리기(동굴에서 바라본 밖의 모습) 2. 보물찾기(내 안에 있는 보물찾기)

6	나를 사랑하기(2)	1. 감정 온도계(오늘의 나의 감정은?)
		2. 클레이 작업(내 안에 부정적 감정해소)
7	나의 인생설계(1)	다중지능 검사(나의 지금의 위치는?)
8	나의 인생설계(2)	유엔아이 성격유형검사(나의 성격과 진로에 대한 발견)
9	나의 인생설계(3)	1. 명함 만들기(나의 모습 구성)
		2. Dixit 게임(숨겨진 마음 알기)
10	나의 인생설계(4)	가치관 경매: 내가 중요하게 생각하는 가치발견
11	사회성 증진	1. 감정 빙고 게임
		2. 비폭력 대화
12	마음의 일기	1. 소감문(자기이해, 자기표현)
		2. 마무리

이와 같은 자기표현 향상 프로그램의 구성은 처음에는 자신을 표현해 보는 것에 주안점을 두고 있지만, 결국 자기표현은 자기사랑에서 나온다는 것을 알고 있기에 자신을 사랑하는 표현도 해 보기도 하고, 인생 설계와 사회성을 증진하는 것으로 프로그램을 마치게 된다.

2) 가족·사회적인 접근

은둔을 겪고 있는 청년들에게 지자체 등의 국가기관에서 해야 할 일은 은둔형 외톨이들을 위한 쉼터가 필요함을 인식하고 지원하는 일이다. 이 발상은 한 청년의 의견을 듣고 필자가 생각하게 된 부분이다. 일본에는 이러한 쉼터가 많다고 한다. 이 쉼터는 셰어하우스처럼 함께 살지 않아도 잠깐씩 가서 지내다가 오는 곳이라고 한다. 우리나라에도 이러한 공간이 필요하다고 보는데 은둔형 외톨이를 위한 것만이 아닌 일반 청년들에게도 이러한 공간이 필요하다고 생각된다. 지금도 이런 역할을 하는 기관이 있다는 것도 알고 있지만 홍보나 자원이 더 필요하다고 느낀다. 청년이면 누구나 이용할 수 있는 그들을 위한 공간으로 만들면 더 유익할 것이다. 이곳에서 그들을 위한 여러 프로그램을 진행하고 그들의 삶을 나누고 한편으로는 전문상담사나 코치가 상주하며 청년들이 가진 고민도 해결하고 미래를 위한 코칭도 이루어지는 공간이 된다면 은둔형 외톨이를 포함하는 모든 청년을 위한 그들의 공간이 될 수 있을 것이다.

물론 이곳에는 은둔형 외톨이에 대해 특화된 프로그램도 필요하다. 프로그램의 진행 방법은 두 가지가 함께 가야 한다. 즉, 가족을 위한 것과 은둔하는 개인을 위한 것이 함께 진행되어야 한다. 가족을 위한 교육으로는 의사소통을 위한 방법이나 대화법에 관한 교육이 절실하다. 특히 과도하게 부모가 기능하는 경우에는 상담을 통해 한쪽으로 과도한 힘이 치우치지 않고 힘의 분배가 잘 이루어지도록 변화를 일으키게 하는 것이 중요하다. 이와 같은 변화가 시스템이 제대로 기능하도록 하기 위한 적당한 분배가 일어나도록 도울 것이다. 특강 중에 질문을 한 청년의 경우를 보더라도 부모의 교육이 절실함을 느끼게 된다. 그 청년은 지방에 본가가 있고 자신은 서울에서 거주하고 있었다. 그 청년의 질문은 이미 정해진 답을 가지고 계신 부모님과의 소통을 어떻게 해야 하는가였다. 우리 모두가 잘 알고 있듯이 누구와의 대화이든지 간에 정해진 답을 갖고 있는 사람과의 대화는 잘 이루어지지 않는다. 하물며 부모와의 대화에서 그들이 답을 가지고 있다면 자녀들은 그들과의 소통을 포기해야 할 지경이다. 그 청년은 그러한 이유로 본가에 가는 상황이 꺼려져서 잘 안 가고 있다고 한다. 이 경우 결국은 단절로 가는 수순을 밟고 있는 것으로 보이기에 소통을 위한 노력이 필요한 부분이다.

더 나아가 은둔형 외톨이를 은둔으로 가게 만들었던 사회적인 압박과 관련해서는 국가적인 차원에서 공익광고 등을 이용하여 사람들의 다름을 서로 인정해 주는 문화가 이루어지도록 노력해야 한다. 또 다른 청년의 질문은 어떻게 이 사회를 바꿀 수 있겠는가 하는 것이었다. 그래서 필자가 한 가지 예로 든 것이 우리나라의 명절문화의 변화를 꼽았다. 불과 얼마 전까지만 해도 명절문화는 다 같이 즐기는 것이 아니라 어머니들의 일방적인 희생을 강요했었다. 그런데 어느 때부터인가 공익광고 등 여러 매체를 통해 함께 즐기자는 캠페인으로 번지고 있는 것을 발견할 수 있다. 그러한 노력의 결과로 지금은 많이 변화해서 지인들 중에는 아예 명절에 가족이 함께 여행을 간다거나, 차례를 지내더라도 간소하게 한다거나, 또 다른 경우에는 다 함께 도와서 지내게 되었다는 이야기를 종종 듣게 된다. 과거로 거슬러 올라가서 필자가 경험한 공익광고의 선한 영향력은 자동차의 통행에 관련된 것으로, 두 길이 한 길로 합쳐지는 경우를 보여 주며 한 대씩 순서대로 차를 진행시키면서 도로의 정체가 쉽게 풀리는 것을 보여 주는 것이 있었다. 아마도 당시에는 차들이 서로 먼저 가려고 욕심을 부리다가 도로가 오히려 더 막히는 상황이 계속되었나 보다. 오래된 공익광고들은 기억에서 없어진 경우가 대부분이지만 필자는 이 광고의 영향력을 깊게 공감했던 터라 쉽게 잊히지 않는다. 그 외에도 일일이 열거할 순 없지만 많은 것이 있다고 본다. 인식이 변화하기 위해 시간은 많이 걸리겠지만 사회에서 마음을 가지고 노력한다면 할 수 있다고 본다. 이처럼 가치관의 변화로 선순환이 이루어지도록 하여 상황적인 조직구성이 균형을 이룰 수 있도록 해 주어야 한다.

  사회에서의 지지를 바탕으로 가족들의 노력이 중요하다. 이를 위해서 가족들이 먼저 나오고 나중에는 은둔 중인 청년들이 함께할 수 있는 프로그램을 개발할 필요성을 느끼게 되어서 다음과 같은 가족을 위한 치유 프로그램을 만들어 보았다. 그 내용은 다음과 같다. 이 프로그램의 목표는 가족의 회복인데 이 프로그램이 필요한 이유는 은둔형 외톨이가 단지 개인의 문제가 아니기 때문이다. 앞에서도 언급한 적이 있지만 가족 프로그램에 대해 별로 호의적이지 않은 일본에서도 은둔형 외톨이에 대해서는 가족들이 프로그램에 함께 나오는 것을 권하고 있다. 우리나라에서도 각 지자체 혹은 많은 단체나 센터들에서 가족을 위한 프로그램이 진행된다면 은둔형 외톨이들이 사회로 다시 나와서 행복하게 지내는 일에 많은 기여를 하게 될 것이다. 다음의 프로그램은 6회기로 정리되어 있지만 필요에 따라서는 12회기 혹은 20회기까지도 가능한 내용을 담고 있다. 너무 길어지면 설명만 장황해질 것으로 생각되어 6회기로 정리해 보았고, 주안점은 가족 간의 의사소통 방식의 변화라고 할 수 있다.

〈가족을 위한 프로그램〉

회기	주제	회기 목적	세부 내용
1	나는 어떤 사람인가?	나의 현재 상태를 알아본다.	- 자존감 척도 검사 - 이름표 만들기(별명, 내가 좋아하는 것, 싫어하는 것, 이루고 싶었던 꿈) - 행복했던 순간, 힘들었던 순간 기억하기
2	현재의 나는?	내가 어떤 사람인지 파악한다.	- 감정 온도계 그리기 - DISC검사 혹은 양육태도 검사
3	나는 어떻게 소통하는가?	서로의 의사소통 방식에 대해 알아본다.	- 의사소통 유형 검사 - 의사소통에 대한 간단한 강의 - 가족화 그리기(가족을 어떻게 인식하고 있는지 발견)

4	나의 감정은 어떤가?	감정을 어떻게 표현하는지 알아차린다.	- 감정 표현 활동지 - 감정 표현을 할 때의 방식을 알아차리고 의사소통에 방해될만한 요인을 발견하기
5	서로 마음을 표현하기	감정을 잘 알아차리고 표현해서 의사소통의 질을 높인다.	- 마음을 잘 표현하는 것에 대한 간단한 강의 - 나의 기대를 표현하는 방식을 연습
6	마무리	서로에게 잘 되었던 것이나 말하고 싶은 것을 말한다.	- 성찰되었던 것이 있다면 무엇인지를 나눈다. - 서로에게 주는 편지 작성하기

이상으로 가족을 위한 프로그램을 소개하면서 글을 마치려 한다. 필자가 은둔 경험한 청년들에 대한 인터뷰를 시작할 때만 해도 은둔 청년에 대한 관심이 그다지 크다는 느낌을 받지 못했다. 그러나 요즘 들어서는 은둔 경험 청년에 대한 사회적인 인식이 생겨나고 있고, 어떤 식으로라도 도움이 필요하다는 것에 대한 여론이 형성되고 있는 것처럼 보이는 것은 다행한 일이라 여겨진다. 이것이 일회성이나 일시적인 현상으로 끝나지 않고 은둔을 경험하고 있는 청년들이 세상에 나올 때까지 계속되기를 바라 본다.

참고문헌

강채미(2021). 대학생의 학습된 무기력, 셀프리더십, 진로동기, 진로결정 자기 효능감의 구조적 관계. 진로교육연구, 34(3), 1-22.

곽금주(2010). 흔들리는 20대. 서울: 서울대학교출판문화원.

한국교육심리학회 편(2001). 교육심리학 용어사전. 서울: 학지사.

김건(2013). 히키코모리의 행태와 소통방식의 이해방안. 글로벌문화콘텐츠, 12, 1-25.

김경호(2011). 결핍과 치유. 인문과학연구, 28, 337-359.

김기주(2004). 미술치료가 심리적 모성박탈을 경험한 아동에게 미치는 효과성 연구. 명지대학교 사회교육대학원 국내석사학위논문.

김동민(2009). 집단 수퍼비전에서 수퍼바이지가 지각하는 수치심, 애착유형, 자기효능감, 정서적 유대, 평가불안 간의 관계. 이화여자대학교 대학원 국내박사학위논문.

김미령(2008). 청년기 정체성 혼란과 우울, 불안, 강박과의 관계(상). 경기: 한국학술정보(주).

김민진, 박정윤(2022). 균형적 시간관이 청년기 역경 후 성장에 미치는 영향력: 사회적 유대감의 매개효과. 한국심리학회지: 문화 및 사회문제, 28(2), 163-186.

김병훈(2014). 래리 그래함. 가요한. 김경, 손운산, 정연득 (편), 현대 목회상담학자연구. 서울: 희망나눔.

김선희(2009). 미술치료사의 관점에서 대상관계 이론을 중심으로 본 박수

근의 작품세계. 미술치료연구, 16(1), 137-147.

김신아(2019). 은둔형 외톨이 자녀를 둔 부모의 심리적 갈등과 영적 경험에 관한 연구. 고신대학교 대학원 국내박사학위논문.

김정기(2009). 기질적 장애를 가진 어머니로 인해 모성박탈을 경험한 지적 장애 아동의 미술치료 사례연구. 명지대학교 사회교육대학원 국내석사학위논문.

김정은, 박정윤, 문의정(2019). 청년기 발달과업 달성이 청년 웰빙에 미치는 영향. 한국가족복지학, 24(2), 171-193.

김종진(2006). 달팽이 껍질 속으로 숨은 외톨이. 서울: 해피아워.

김지연, 정윤경(2018). 청년기 애착과 자서전적 기억의 관계. 청소년학 연구, 25(5), 131-160.

김효순, 박희서(2014). 청소년의 은둔형 외톨이 성향이 게임중독행태에 미치는 영향. 한국컴퓨터 정보학회, 19/8, 177-185.

나신하(2022). [기획보도 부문_제162회 이달의 방송기자상] 어디에 머물든 존중받을 자격이 있다: 〈시사 기획 창 '은둔형 외톨이는 무엇으로 사는가'〉 2022년 3월 29일 방영 KBS 나신하, 조영천 기자. 방송기자, 66, 61-61. https://news.kbs.co.kr/news/view.do?ncd=5427191

노가빈, 이소민, 김제희(2021). 청년 은둔형 외톨이의 경험과 발생원인에 대한 분석. 한국사회복지학, 73(2), 57-81.

노여진(2007). 일본의 히키코모리(ひきこもり)와 한국의 은둔형 외톨이의 비교 고찰. 전북대학교 교육대학원 국내석사학위논문.

박성덕, 이우경(2012). 한국판 상태 성인 애착 척도의 신뢰도 및 타당도 연구. 신경정신의학, 51(4), 147-155.

박영순(2010). 조손가정 아동의 적응과 애착에 관한 기독교 상담 연구. 계명대학교 대학원 국내박사학위논문.

방희정(2009). 애착 연구를 통해 본 부모역할(parenting)에 대한 비판적 고찰. 한국심리학회지: 여성, 14(1), 67-91.

신노라, 안창일(2004). 성인 애착 유형과 자기개념, 효능감, 대처 양식, 사회적 지지 수준과 대인불안의 관계. 한국임상심리학회, 23(4), 949-

968.

여인중(2005). 히키코모리 은둔형 외톨이. 서울: 프리칭 아카데미.

유중근(2018). 애착이론 BASIC. 충북: MIC.

이경선(2015). 후기청소년의 사회적 히끼꼬모리와 2차 분리-개별화. 연세 상담 코칭연구, 4, 105-127.

이릿다(2019). 청년기의 영성이 역경 후 성장에 미치는 영향. 가톨릭대학 교 상담심리대학원 국내석사학위논문.

이상란(2001). 청년기 무기력 연구의 전망. 학생생활연구, 21, 179-190.

이상희(2010). 은둔형 외톨이 개념의 사회적 구성과 효과. 서울대학교 대 학원 국내석사학위논문.

이애순(2005). 청년기 갈등과 자기이해. 서울: 시그마플러스.

이지민(2019). 은둔형 외톨이 청소년의 은둔 경험에 관한 현상학적 연구. 인제대학교 대학원 국내석사학위논문.

이한샘(2014). 대학생이 인식하는 주요 발달과업과 대학생의 적응에 대한 연구. 연세대학교 대학원 국내박사학위논문.

임유진(2021). 20대 청년의 코로나19 자가격리 체험연구. 백석대학교 기독 교전문대학원 국내박사학위논문.

장정은(2021). 정신분석으로 상담하기. 서울: 학지사.

정근하, 노영희(2022). 한국사회의 은둔형 외톨이 출현 배경 연구. 한국비 교정부학보, 26(1), 229-250. 10.18397/kcgr.2022.26.1.229

정옥분(2008). 청년발달의 이해. 서울: 학지사.

조현주, 권정혜(2002). 대인관계적 접근의 인지행동치료. 인지행동치료, 2(1), 51-68.

차혜명, 김은영(2016). 정신화(mentalization) 개념을 통한 애착 이론과 정 신 분석의 재조명. 한국심리학회지: 일반, 35(1), 167-190.

최정민(2018). 청년기 정체성 형성과 교회의 역할. 신학논단, 91, 339-365.

한겨레(2019. 08. 25). "퇴직 뒤 히키코모리 된 일본의 중장년들". http:// www.hani.co.kr/arti/international/japan/906985.html

한국청소년상담원(2005). 은둔형 외톨이 등 사회부적응 청소년 지원방안.

세미나 및 회의자료, 2005(2), 1-2.

磯部, 潮(2009). 스타벅스로 간 은둔형 외톨이. 이성동 역. 서울: 대숲바람. (원저는 2004년에 출판).

齋藤, 環(2012). 은둔형 외톨이: 그 이해와 치유법. 김경란, 김혜경 공역. 서울: 파워북. (원저는 2002년에 출판).

齋藤, 環(2013). *Hikikomori: Adolescence without end.* Minneapolis, MN: University of Minnesota Press.

Arnett, J. J. (2000). Emerging adulthood: A theory of development from the late teens through the twenties. *American Psychologist, 55*(5), 469-480. doi:https://doi.org/10.1037/0003-066X.55.5.469

Arnett, J. J. (2007). Emerging adulthood: What is it, and what is it good for?. *Child Development Perspectives, 1*, 68-73.

Ainsworth, M. D., Blehar, M. C., Waters, E., & Wall, S. (1978). *Patterns of attachment: A psychological study of the strange situation.* Hillsdale, NJ: Erlbaum.

Arthur, A. J. (2016). *Attachment insecurities and substance use disorders* (Order No. 10239629). Available from ProQuest Dissertations & Theses Global. (1853947058).

Basseches, M., & Kalinowski, J. (1984). The Seasons of a man's life: By D. J. Levinson, C. N. Darrow, E. B. Klein, M. H. Levinson and B. McKee. Ballantine Books, New York (1978), *New Ideas in Psychology, 2*(3), 269-279.

Beresler, J., & Starr, K. (2015). *Relational psychoanalysis and psychotherapy integration.* New York: NY Routledge.

Bowlby, J. (1982). Attachment and loss: Retrospect and prospect. *American Journal of Orthopsychiatry, 52*(4), 664-678. doi:https://doi.org/10.1111/j.1939-0025.1982.tb01456.x

Bowlby, J. (1988). *A secure base: Parent-child attachment and healthy human development.* New York: Basic Books.

Bowlby, J. (2009). 애착: 인간애착행동에 대한 과학적 탐구. 김창대 역. 경기: 나남. (원저는 1969년에 출판).

Bowlby, J. (2014). 안전기지: 애착이론의 임상적 적용. 김수임, 강예리, 강민철 공역. 서울: 학지사. (원저는 1988년에 출판).

Brisch, K. H. (2003). 애착장애의 치료. 장휘숙 역. 서울: 시그마프레스. (원저는 1999년에 출판).

Chapman, A. H. (2018). 해리스택 Sullivan의 정신치료 기술. 김보연 역. 서울: 하나출판사. (원저는 1978년에 출판).

Clair, S. M. (2014). 대상관계 이론과 자기 심리학. 안석모 역. 서울: 박학사. (원저는 2003년에 출판).

Dallos, R. (2021). 애착 이야기치료. 김유숙, 최지원, 유승림 공역. 서울: 학지사. (원저는 2006년에 출판).

Dykas, M. J., & Cassidy, J. (2011). Attachment and the processing of social information across the life span: Theory and evidence. *Psychological Bulletin, 137*(1), 19-46. doi:https://doi.org/10.1037/a0021367

Eckler-Hart, A. (1987). True and false self in the development of the psychotherapist. *Psychotherapy, 24*(4), 683-692. doi:https://doi.org/10.1037/h0085768

Erikson, E. H. (1963). *Childhood and society.* New York: Norton.

Erikson, E. H. (1988). Youth: Fidelity and diversity. *Daedalus, 117*(3), 1-24. http://www.jstor.org/stable/20025167

Erikson, E. E., & Erikson, J. M. (2020). 인생의 아홉 단계. 송제훈 역. 서울: 교양인. (원저는 1997년에 출판).

Eagel, M. N. (2015). 애착과 정신분석. 이지연, 이성원 공역. 서울: 학지사. (원저는 2013년에 출판).

Ferro, A., & Basile, R. (2014). 분석적 장: 임상적 개념. 이재훈 역. 서울: 한

국심리치료연구소. (원저는 2009년에 출판).

Filosa, L., Alessandri, G., Robins, R. W., & Pastorelli, C. (2022). Self-esteem development during the transition to work: A 14-year longitudinal study from adolescence to young adulthood. *Journal of Personality*, 90, 1039-1056. https://doi-org-ssl.access.yonsei.ac.kr:8443/10.1111/jopy.12713

Fonagy, P. (2001). *Attachment theory and psychoanalysis*. New York: Other Press.

Fonagy, P. (2015) Mutual regulation, mentalization, and therapeutic action: A reflection on the contributions of Ed Tronick to developmental and psychotherapeutic thinking, *Psychoanalytic Inquiry*, 35(4), 355-369. doi: 10.1080/07351690.2015.1022481

Fonagy, P., & Target, M. (2015). 정신분석의 이론들. 이효숙 역. 서울: 눈. (원저는 2003년에 출판).

Fukushima, M. (2012). *What is it to be in, an interpretative phenomenological analysis*, Alliant International University San Diego, In Partial Fulfillment of the Requirement for the Degree Doctor of Psychology.

Graham, L. K. (1992). *Care of persons, care of worlds: A psychosystems approach to pastoral care and counseling*. Nashville, TN: Abingdon Press.

Greenberg, J. R., & Mitchell, S. A. (1999). 정신분석학적 대상관계이론. 이재훈 역. 서울: 한국심리치료연구소. (원저는 1983년에 출판).

Harding, C. (2018). Hikikomori. *Lancet Psychiatry*, 5(1), 28-29.

Holmes, J. (2005). 존 Bowlby와 애착이론. 이경숙 역. 서울: 학지사. (원저는 1993년에 출판).

Ishikawa, S. (2014). Co-researching hikikomori problem with insiders' knowledges: Creating 'nakama' (comradeship) across the ocean & generations. *The International Journal of Narrative Therapy and*

Community Work, 4, 36-51.

Levinson, D. J., Darrow, C. N., Klein, E. B., Levinson, M. H., & Mckee, B. (1978). *The season of a man's life*. New York: Ballantine book.

Levinson, D. J., Darrow, C. N., Klein, E. B., Levinson, M. H., & Mckee, B. (1996). 남자가 겪는 인생의 사계절. 이애순 역. 서울: 이화여자대학교 출판부. (원저는 1978년에 출판).

Levy, K. N., Ellison, W. D., Scott, L. N., & Bernecker, S. L. (2011). Attachment style. *Journal of Clinical Psychology, 67*(2), 193-203. https://doi-org-ssl.access.yonsei.ac.kr:8443/10.1002/jclp.20756

Li, E. J., & Yu, J. (2016). The importance of early attachment relationships in current psychoanalysis. *Psychoanalysis, 27*(2), 54-61. doi:10.18529/psychoanal.2016.27.2.54

Lingiardi, V., Holmqvist, R., & Safran, J. D. (2016). Relational turn and psychotherapy research. *Contemporary Psychoanalysis, 52*(2), 275-312. https://doi.org/10.1080/00107530.2015.1137177

Lyons-Ruth, K. (1999). The two-person unconscious. *Psychoanalyitic Inquiry, 19*(4), 576-617.

Main, M. (1991). *Metacognitive knowledge, Metacognitive monitoring, and singuler(coherent) vs. multiple(incoherent) model of attachment*: finding and directions for future research. In C. M. Parkers, J. Stevenson-Hinde, & P. Marris (Eds.), *Attachment across the life cycle* (pp. 127-159). London: Tavistock/Routledge.

Main, M., Kaplan, N., & Cassidy, J. (1985). Security in infancy, childhood, and adulthood: A move to the level of representation. *Monographs of the Society for Research in Child Development, 50*(1/2), 66-104. https://doi.org/10.2307/3333827

Marrone, M. (2005). 애착이론과 심리치료. 이민희 역. 서울: 시그마프레스. (원저는 1988년에 출판).

Mikulincer, M., & Shaver, P. R. (2019). Attachment orientations and emotion regulation. *Current Opinion in Psychology*, *25*, 6-10. https://doi.org/10.1016/j.copsyc.2018.02.006

Mitchell, S. A. (1988). *Relational concepts in psychoanalysis: An integration*. MA: Harvard University Press.

Mitchell, S. A., & Aron, L. (1999). *Relational psychoanalysis, vol. 14: The emergence of a tradition*. New York: Routledge.

Mitchell, S. A., & Black, M. (2002). 프로이드 이후. 이재훈, 이해리 공역. 서울: 한국심리치료연구소. (원저는 1995년에 출판).

Monacis, L., Griffiths, M. D., Limone, P., & Sinatra, M. (2021). The risk of social media addiction between the ideal/false and true self: Testing a path model through the tripartite person-centered perspective of authenticity. *Telematics and Informatics*, *65*.

Ogden, H. T. (2013). 마음이 태어나는 모체. 김도애, 류가미 공역. 경남: 경남가족상담연구소. (원저는 2004년에 출판).

Rezendes, A. (2013). *Hikikomori as a case study in understanding the intersection of psychological development and culture,* Submitted in partial fulfillment of there quirements for degree of Doctor of Psycholopy.

Richards, D. A., & Schat, A. C. H. (2011). Attachment at (not to) work: Applying attachment theory to explain individual behavior in organizations. *Journal of Applied Psychology*, *96*(1), 169-182. doi:https://doi.org/10.1037/a0020372

Riggs, S. A., Paulson, A., Tunnell, E., Sahl, G., Atkison, H., & Ross, C. A. (2007). Attachment, personality, and psychopathology among adult inpatients: Self-reported romantic attachment style versus adult attachment interview states of mind. *Development and Psychopathology*, *19*(1), 263-291. https://doi.org/10.1017/S0954579407070149

Ritchie, R. A., Meca, A., Madrazo, V. L., Vanessa, L., Schwartz, S. J.,

Hardy, S. A., Zamboanga, B. L., Weisskirch, R. S., Kim, S. Y., Whitebourne, S. K., Ham, L. S., & Lee, R. M. (2013). Identity dimension and related processes in emerging adulthood: Helpful or harmful?. *Journal Clinical Psychology*, *69*(4), 415-432.

Roisman, G. I., Holland, A., Fortuna, K., Fraley, R. C., Clausell, E., & Clarke, A. (2007). The adult attachment interview and self-reports of attachment style: An empirical rapprochement. *Journal of Personality and Social Psychology*, *92*(4), 678-697. doi:https://doi.org/10.1037/0022-3514.92.4.678

Rutter, M., Kreppner, J., & Sonuga-Barke, E. (2009). Emanuel miller lecture: Attachment insecurity, disinhibited attachment, and attachment disorders: Where do research findings leave the concepts? *Journal of Child Psychology and Psychiatry*, *50*(5), 529-543. https://doi.org/10.1111/j.1469-7610.2009.02042.x

Settersten, R. A., & Ray, B. (2010). What's going on with young people today? The long and twisting path to adulthood. *The Future of Children*, *20*(1), 19-41. http://www.jstor.org/stable/27795058

Sullivan, H. S. (1953). *The interpersonal theory of psychiatry*. New York: Norton.

Swaby, H. (2020). Learning to "live upside down": Experiencing the true and false self in psychotherapy training. *Psychotherapy Politics International*, *18*(2), e1531.

Takashi, O. (2017). (나를 돌보는 게 서툰 어른들을 위한) 애착수업. 이정환 역. 서울: 푸른숲. (원저는 2016년에 출판).

Umeda, M., & Kawakami, N. (2012), Association of childhood family environments with the risk of social withdrawal ('hikikomori') in the community population in Japan. *Psychiatry and Clinical Neurosciences*, *66*, 121-129.

Vandevivere, E., Braet, C., Bosmans, G., Mueller, S. C., & De Raedt, R.

(2014) Attachment and children's biased attentional processing: Evidence for the exclusion of attachment-related information. *PLoS One*, *9*(7), e103476.

van Rosmalen, L., van der Horst, Frank C. P., & van der Veer, R. (2016). From secure dependency to attachment: Mary Ainsworth's integration of Blatz's security theory into Bowlby's attachment theory, *History of Psychology*, *19*(1), 22-39.

Wallin, D. J. (2018). 애착과 심리치료. 김진숙, 이지연, 윤숙경 공역. 서울: 학지사. (원저는 2007년에 출판).

Widlöcher, D. (1970). On winnicott's "The maturational processes and the facilitating environment" (review article). *The International Journal of Psycho-Analysis*, *51*, 526.

Winnicott, D. W. (1997). 놀이와 현실. 이재훈 역. 서울: 한국심리치료연구소. (원저는 1971년에 출판).

Winnicott, D. W. (2000). 성숙 과정과 촉진적 환경. 이재훈 역. 서울: 한국심리치료연구소. (원저는 1965년에 출판).

Winnicott, D. W. (2011). 소아의학을 거쳐 정신분석학으로. 이재훈 역. 서울: 심리치료연구소. (원저는 1987년에 출판).

Zou, S., Wu, X., & Li, X. (2020). Coparenting behavior, Parent-Adolescent attachment, and peer attachment: An examination of gender differences. *Journal of Youth and Adolescence*, *49*(1), 178-191.

저자 소개

황교정(Hwang Kyojung)

연세대학교 대학원 상담코칭학 박사
전   (사) 남양주 지역아동센터 협의회, 남양주 심리코칭센터 상담실장
     알파오메가 학교(대안학교) 상담사 · 코치
     법무부 법사랑 남양주지역 연합회 위원
     연세대학교 상담코칭 지원센터 전문 상담사
현   연세 가온 상담코칭센터 센터장
     (사) 노년공감, 신중년 심리코칭 전문가 자격과정 교수요원(강사)
     (사) 한국코치협회 전문코치(KPC)
     (사) 한국가족문화상담협회 가족상담전문가
     연우심리개발원 학습상담전문가

은둔을 경험한 청년들의 이야기
Stories of the Secluded Youth

2024년 8월 10일 1판 1쇄 인쇄
2024년 8월 20일 1판 1쇄 발행

지은이 • 황교정
펴낸이 • 김진환
펴낸곳 • ㈜ **학지사**

04031 서울특별시 마포구 양화로 15길 20 마인드월드빌딩
대표전화 • 02-330-5114   팩스 • 02-324-2345
등록번호 • 제313-2006-000265호

홈페이지 • http://www.hakjisa.co.kr
인스타그램 • https://www.instagram.com/hakjisabook

ISBN 978-89-997-3171-6 03180

정가 14,000원

출판미디어기업 **학지사**
간호보건의학출판 **학지사메디컬** www.hakjisamd.co.kr
심리검사연구소 **인싸이트** www.inpsyt.co.kr
학술논문서비스 **뉴논문** www.newnonmun.com
교육연수원 **카운피아** www.counpia.com
대학교재전자책플랫폼 **캠퍼스북** www.campusbook.co.kr